Rafael Seligmann

Brandstifter und ihre Mitläufer

Für Tamar, meine jüngste Enkelin

Rafael Seligmann

Brandstifter und ihre Mitläufer

Putin – Trump – Netanyahu

Warum sie erfolgreich sind und wie man sie stoppen kann

HERDER

FREIBURG · BASEL · WIEN

MIX
Papier | Fördert gute Waldnutzung
FSC® C014496

Verlag Herder GmbH, Freiburg im Breisgau 2024

www.herder.de

Umschlaggestaltung: geviert.com, Michaela Kneißl, Schmiechen
Umschlagmotiv: ©Everett Collection/shutterstock; ©Alexandros Michailidis/shutterstock; ©Drop of Light/shutterstock; ©Asatur Yesayants/shutterstock; ©mauritius images/Pictorial Press Ltd/Alamy/Alamy Stock Photos

Satz: ZeroSoft, Timişoara
Herstellung: GGP Media GmbH, Pößneck
Printed in Germany

ISBN (Print): 978-3-451-39607-6
ISBN (EPUB): 978-3-451-83281-9

Das ist die Plage der Zeit, in der Verrückte Blinde führen.
William Shakespeare, König Lear

Inhalt

Vorbemerkung: *Keck und laut* für die Freiheit 9

Feuer und Flamme 11

Verrückte führen Blinde 19

Der Vernichter: Hitler 33

Brandstifter der Gegenwart 39
Putin 39
Xi Jinping 52
Erdoğan 61
Netanyahu 83
Trump P01135809 102

Instrumente der Freiheit: Wie man ihre Feinde stoppt 135
Diplomatie zwischen Friedensangebot und Abschreckung 137
Unverzichtbares Gleichgewicht:
Justiz – Parlament – Regierung 143
Unabhängige Presse 146
Integre Politiker und engagierte Bürger 150
Trennung von Staat und Religion 154
Soziale Dienstpflicht einschließlich Armee 159

Resümee: *Guter Rat* 165

Über den Autor 171

Vorbemerkung: *Keck und laut* für die Freiheit

Bestimmen fortan „starke Männer“ ohne Skrupel das Schicksal der Welt? In Diktaturen, aber auch in etablierten Demokratien? Putin, Trump, Netanyahu, Erdogan, Xi und ihre Brüder im Geiste geben vor, einfache und wirksame Lösungen für vielfältige Bedrohungen zu besitzen. Damit gelingt es ihnen, Millionen für sich einzunehmen, die fürchten, den fortwährenden Herausforderungen des digitalen Zeitalters nicht gewachsen zu sein. Diese Menschen haben Angst vor ihnen unverständlichen Veränderungen in Technik und Gesellschaft, vor Kriegen, Krisen und dem Verlust ihres Ansehens und Auskommens. Die vermeintlichen Alleskönner sind fähig, ihren Anhängern zumindest zeitweilig die Angst zu nehmen. Dieses Buch nimmt diese Führer, ihre Mobilisierungsmethoden, ihre Rezepte und deren Preis unter die Lupe. Es entlarvt sie als Brandstifter.

Politische Pyromanen gelangen durch Propaganda und Zwang ans Ruder. Sie entscheiden, ob sie auch außenpolitisch in die Offensive gehen. Ihr Ziel ist die Macht zur Ausschaltung aller „Feinde“ sowie unumschränkte Herrschaft. Wie funktioniert das symbiotische Verhältnis zwischen Brandstiftern und ihren Mitläufern? Allein die schier bedingungslose Gefolgschaft des willigen Anhangs ermöglichte es dem anonymen Kriegsheimkehrer, dem ehemaligen Geheimdienstler, dem New Yorker Hochstapler, dem Istanbuler Religionsschüler, dem traumatisierten Bruder, zu

Lenkern des politischen Geschehens mit destruktiven Möglichkeiten aufzusteigen. Die Schleifung der politischen Freiheiten empfindet ihre willige Gefolgschaft nicht als Einschränkung, sondern als Befreiung.

Die freiheitlichen Demokraten müssen und dürfen sich nicht als ohnmächtige Opfer der Brandstifter und ihres willfährigen Anhangs begreifen. Sie sollen sich auf allen Ebenen legal wehren. Gemäß Heinrich Heines Maxime fordern wir, „keck und laut" die Freiheit zu verteidigen und deren Feinden wie Höcke und Konsorten entgegenzutreten, um sie zu hindern, „wohltemperierte Grausamkeiten" zu begehen.

Berlin, Frühjahr 2024

Feuer und Flamme

Noch vor 35 Jahren strotzte die Welt vor Zuversicht. Im Sommer 1989 proklamierte Francis Fukuyama „Das Ende der Geschichte“. In seinem Aufsatz sagte der amerikanische Historiker den Anbruch eines friedlichen Zeitalters voraus. Die folgenden Ereignisse schienen Fukuyamas Prophezeiung zu bestätigen. Wenige Monate später fiel die Berliner Mauer, bald darauf brach die SED-Diktatur zusammen. Die DDR wurde Teil eines vereinigten demokratischen Deutschlands. In kurzen Abständen streiften die Menschen in den Staaten Osteuropas ihre kommunistischen Zwangsregime ab, bis schließlich die Sowjetunion in sich zusammenfiel. Damit endete der Kalte Krieg. Bestehende und entstehende Demokratien schienen einen langfristigen Frieden zu garantieren – wie Fukuyama dies prognostiziert hatte. Bereits 1989 aber riss als Folge des Auseinanderbrechens Jugoslawiens der Nationalist Slobodan Milošević in Belgrad die Herrschaft an sich und brach einen Krieg zur gewaltsamen Wiedervereinigung Jugoslawiens unter serbischer Führung vom Zaun. Sein Feldzug blieb erfolglos. Die NATO erzwang einen Waffenstillstand. Auch global wurde der Frieden einige Jahre später schlagartig beendet. Am 11. September 2001 attackierten Kommandos der Al Kaida Osama bin Ladens New York und Washington. Die Vereinigten Staaten antworteten mit Invasionen Afghanistans und später Iraks. Das Ende der Geschichte war vorbei, ehe es begonnen hatte. Stattdessen entwickelte sich ein neues Zeitalter der Brandstifter.

Als am 24. Februar 2022 russische Armee-Einheiten in die Ukraine einmarschierten und Moskaus Luftwaffe Kiew und andere Städte des Landes bombardierte, reagierten führende Politiker sowie Bürger der westeuropäischen Demokratien schockiert. Bis zuletzt hatten sie sich an die Illusion geklammert, Russland werde keinen Krieg beginnen. Obgleich in den zurückliegenden Jahren Moskau wiederholt Feldzüge innerhalb Russlands und jenseits seiner Grenzen geführt hatte. Zudem hatten westliche Geheimdienste, auch der Bundesnachrichtendienst, ihre Regierungen über die bevorstehende Invasion der russischen Streitkräfte informiert. Die Massenmedien berichteten ausführlich über Moskaus Kriegsvorbereitungen. Um den Ausbruch des Waffengangs zu unterbinden, um dessen Verhinderung sie sich mit allen Mitteln bemüht hatten, traten die Führer Europas Canossa-Flüge an. Im Kreml appellierten sie an Präsident Putin, von einem „möglichen" Kriegsvorhaben abzulassen, lockten mit wirtschaftlichen Vorteilen, etwa der Inbetriebnahme der Erdgaspipeline Nord Stream 2, die Moskau weitere Milliardeneinnahmen bescheren würde. Umsonst. Der Möchtegernzar erteilte seinem Militär Kriegsbefehl.

Bundeskanzler Scholz bekannte, Putin habe damit eine „Zeitenwende" eingeleitet. Seine Vorgängerin Angela Merkel, die zeit ihrer Kanzlerschaft mit dem Kremlherrscher kooperiert hatte, erging es ähnlich wie vielen Demokraten, die meinten, mit einer beschwichtigenden Friedenspolitik einen Krieg auf ihrem Kontinent vermeiden zu können. Später rechtfertigte sich Merkel mit der Bemerkung, Diplomatie sei nicht falsch, weil sie in diesem Fall fehlgeschlagen sei. Aber es war falsch, sich *ausschließlich* auf sie verlassen zu haben.

Bereits während der späten 1930er Jahre versuchten Großbritannien und Frankreich durch ein Eingehen auf die Forderungen Berlins, Hitler von einem Krieg abzuhalten. Dafür waren sie bereit, die Integrität kleinerer Staaten zu opfern – wie im Münchner Abkommen von 1938 auf Kosten der Tschechoslowakei. Auf diese Weise meinten sie, „Frieden für unsere Zeit" erkauft zu haben, so der damalige britische Premier Neville Chamberlain. Dies geschah mit der breiten Zustimmung der Bevölkerung. Ähnliche Tendenzen zur Befriedung auf Kosten der Nachbarn zeigen populistische Politiker in Europa und weltweit, wenn sie Verhandlungen mit Putin fordern und ein Eingehen auf seine territorialen Forderungen, um den „Frieden" zu bewahren.

Als Benjamin Netanyahu Ende 2022 erneut Israels Regierungschef wurde, meinte er, sich vor allem auf eine Justizreform zu seinen Gunsten konzentrieren zu können. Als „Mr Sicherheit" suggerierte der Premier, die Unversehrtheit der Bürger gewährleisten zu können. Tatsächlich aber untergruben die von Netanyahu angefachten inneren Konflikte die Sicherheit Zions. Das erleichterte den Massenmord der Hamas aus dem Gazastreifen am 7. Oktober 2023. Somit trägt Netanyahu Verantwortung für die zunächst fehlende Abwehrkraft der israelischen Streitkräfte.

Geschichte wiederholt sich nicht. Aber Kriege und Diktaturen bleiben katastrophal. Wie können demokratische Staaten ihre Stärken Freiheit, Idealismus und Wohlstand nutzen, um Unterdrückung und Kriege zu verhindern?

Unterschiedliche politische Figuren wie Napoleon, Hitler, Pinochet, Trump bedienten sich gesellschaftlicher Umbrüche, um die Macht zu okkupieren. Grundbedingung hierfür waren sich auflösende soziale und politische Strukturen. Ein Klima der Orientierungslosigkeit und Angst ist eine Voraussetzung für charismatische Brandstifter, um Mitläufer, die ihr Weltbild teilen, zu rekrutieren. Hitler benötigte die Depression in der Folge des Ersten Weltkrieges, um aus der Anonymität eines Postkartenmalers in die Politik treten zu können.

Neben Brandstiftern wie Alexander dem Großen, Napoleon, Hitler, Milošević, die unbedingt danach streben, äußere Kriege zu entfachen, gibt es die Kategorie der zunächst rationalen Herrscher. An die Macht gelangt, beschränken sie sich vorderhand auf eine autoritäre Regentschaft im eigenen Land und vermeiden externe Konflikte. Prototypen sind neben Francisco Franco, Augusto Pinochet, Donald Trump, Benjamin Netanyahu und Victor Orbán. Ihre kriminelle Energie begrenzen sie auf die innerstaatliche Ebene.

Brandstifter wie Vladimir Putin und Recep Tayyip Erdoğan passen ihre Taktik der jeweiligen politischen Großwetterlage an. Sie sind latent darauf aus, neben der Macht im eigenen Land auch Herrschaft in angrenzenden Territorien zu erobern, jedoch nur, wenn dies relativ risikolos erscheint. In der Anfangsphase ihrer öffentlichen Karriere treten sie als demokratische Erneuerer auf. So gewinnen sie die Zustimmung der Bevölkerung, unabhängiger Medien und des Auslands. Doch je länger sie mit den Jahren Gefallen an der Ausübung der Macht finden, desto schneller verlieren sie die Geduld mit politischen Opponenten, einer unabhängigen Justiz und der freien Presse. Auch die Bereitschaft, außenpolitische Widerstände zu tolerieren, schwindet. Innenpolitische Gegner werden zunehmend durch gezielte Verfolgung ausgeschaltet. Gleiches gilt für die Judikative. Parallel dazu wächst die Bereitschaft, internationale Interessenkonflikte durch Krieg zu lösen, falls der Widerstand auswärtiger Rivalen, speziell Demokratien, nicht abschreckend wirkt.

Viele der genannten Figuren verbinden das Schicksal ihres Landes mit ihrem individuellen Los. Scheitern sie, nehmen sie ihren Staat in Geiselhaft.

Was bewegt Brandstifter? Wodurch gewinnen sie Gefolgschaft? Der unwiderstehliche Trieb zu siegen, zu erobern, zu zerstören ist entscheidend. Politische Marodeure versuchen, komplexe Herausforderungen mittels Unterdrückung, Erpressung, Gewalt und Krieg zu bestehen. Sobald ein Gegner überwältigt ist, setzen sie sich immer neue Ziele. Zudem besteht eine Komplizenschaft, ja eine Abhängigkeit zwischen Brandstiftern und ihren Mitläufern, da sie die gleichen Werte und aggressiven Methoden teilen. Der Brandstifter erringt und erzwingt das latente Verlangen seines Anhangs. Das ist sein Charisma. Moralische und rechtliche Kriterien werden ausgeschaltet. Richtig ist, was der Führer befiehlt. Anderes ist falsch und wird sanktioniert.

Das Wirken politischer Brandstifter kann nicht vollständig unterbunden werden. Gesellschaftliche Verwerfungen sind mitunter unvermeidlich, ja notwendig. Karl Marx nannte Revolutionen „Lokomotiven der Geschichte“. Dem Philosophen kam nicht in den Sinn, dass Zugwagen auch in die falsche Richtung gelenkt werden können. Millionen Menschen mussten die Irrfahrten mit dem Leben bezahlen – wenn Kutscher oder Lokomotivführer wie Napoleon, Lenin oder Mao den Weg bestimmten.

Demokratien haben sich als relativ zuverlässiger Schutz erwiesen. Ihre Gesetze und Institutionen sorgen in der Regel dafür, dass die schmerzhaften Nebenwirkungen der gesellschaftlichen

Umbrüche abgefedert werden. Falls diese sich aufgrund von technischen und wirtschaftlichen Erneuerungen dennoch ereignen, gewinnen selbst in etablierten Demokratien wie Großbritannien, den USA und Israel Demagogen Zulauf, die eine Einschränkung der politischen Freiheit, der unabhängigen Rechtsprechung und Medien anstreben.

Eine stabile Freiheitsordnung ist das Ergebnis einer überzeugten Bevölkerung und freier Institutionen. Bemerkenswert ist dabei, dass Indien seine demokratische Struktur bewahren konnte, während sie in Pakistan, das ebenso wie Indien und Ceylon bis 1946 in der gleichen Kolonie von Großbritannien regiert wurde, stets aufs Neue abgeschafft wurde. Das überlieferte islamische Kultur- und Politikverständnis, das eine Trennung von Staat und Religion nicht kennt, spielt hier eine entscheidende Rolle. Kein muslimisch ausgerichteter Staat blieb dauerhaft demokratisch. Oktroyierte, formale Demokratien, wie sie von den USA in Afghanistan und Irak etabliert wurden oder zuvor bei Abzug der Kolonialmächte aus den ehedem kolonisierten Ländern in Afrika und Asien, besitzen nicht die notwendige Widerstandskraft gegen entschlossene Feinde.

Auf welche Weise können freiheitlich gesinnte Bürger und demokratische Einrichtungen einen wirksamen Schutz etablieren, der sie vor Brandstiftern bewahrt? Dass dies geboten und möglich ist, zeigten zuletzt Beispiele der Vereinigten Staaten und Brasilien. Deren Wähler sowie die demokratischen Institutionen widersetzten sich den Versuchen der abgewählten Präsidenten Donald Trump und Jair Bolsonaro, in einem kalten Staatsstreich die Macht an sich zu reißen. Zur massenhaften Gegenwehr braucht es demokratisches Selbstbewusstsein und Mut. Diese

Tugenden müssen fortwährend gepflegt werden. Doch auch bewährte Demokratien besitzen keinen Ewigkeitsschutz. Sie müssen ihre Resilienz stetig festigen. Denn demokratische Freiheit ist nicht umsonst zu haben.

Verrückte führen Blinde

„Was ist das, was in uns hurt, lügt, stiehlt und mordet?“

Wer sich mit Brandstiftern beschäftigt, gelangt unwillkürlich zur Frage Georg Büchners. Der Autor konnte sie vor knapp 200 Jahren ebenso wenig schlüssig beantworten wie wir heute – allen neueren naturwissenschaftlichen Erkenntnissen zum Trotz. Die Geisteswissenschaften haben hier keinen Durchbruch erzielt. Man mag Erbauung in den Werken von Karl Marx, Jean-Paul Sartre oder Sigmund Freud, Alfred Adler, Hannah Arendt und weiteren klugen Frauen und Männern suchen und finden. Eine schlüssige Erklärung für den persönlichen Antrieb von Diktatoren und Tyrannen von Attila bis Saddam Hussein und darüber hinaus vermitteln diese Schriften nicht. Eine Kindheit in Armut und Not, sadistische Väter, liebende Mütter – oder umgekehrt –, Mangel an Zuneigung und manches Quälende mehr kennzeichnen mitunter das Aufwachsen späterer Brandstifter. Hitler und Stalin müssen zur Bestätigung der sozialen These herhalten. Doch Millionen Kinder wuchsen unter ähnlichen Umständen auf – ohne sich zu Kriegstreibern und Massenmördern zu entwickeln. Die pauschale biblische Antwort „Sünde als Teufelswerk“ genügt in der Postmoderne nicht. Kurz, es ist vergebliche Mühe, die Blackbox psychosozialer Antriebe der Brandstifter bestimmen und eine allgemeine Ursachenformel destillieren zu wollen. Zu unterschiedlich sind die Persönlichkeitsbilder der Protagonisten, ihre Empfänglichkeit für das Zeitgeschehen und die Einwirkung auf ihre Umgebung. Dies darf jedoch nicht als Alibi zur Aufgabe des Erkenntnisinteresses über politische Marodeure dienen. Die durch sie hervorgerufenen Verheerungen und die Gefahr, dass sie und ihre Epigonen neues Unheil heraufbeschwören, gebieten, nicht von Büchners Frage abzulassen.

Eine bemerkenswerte Rolle kommt dabei der Literatur zu. Sie entspringt einer langen Tradition des Begreifenwollens. Die Autoren stehen auf den Schultern ihrer Lehrer aus Kultur und Kunst, sie verfügen über ein feines Sensorium, das es ihnen ermöglicht, die Charaktere der Brandstifter zu erspüren. Beispielhaft sind dabei William Shakespeare, Fjodor Dostojewski und Max Frisch.

In seinem Roman „Der Spieler" beleuchtet Dostojewski dominante Wesenszüge der Hasardeure. Gewinne fachen ihre Spielsucht an, Verluste nicht minder. Sie werden von Gier getrieben, wollen um jeden Preis obsiegen, kriegen nie genug. Der Reiz des ständigen Risikos dominiert jede vernünftige Überlegung. Sie ignorieren die Erkenntnis, dass eine unentwegte Siegesserie unmöglich ist und ihr Tun am Ende unweigerlich zum Verlust führen muss. Dermaßen agierten in Politik und Krieg etwa Schwedens Karl XII., Napoleon, Hitler.

Der französische Kaiser Napoleon hatte alle europäischen Gegner militärisch besiegt, ehe ihm der Bruch der Kontinentalsperre durch Russland den Vorwand lieferte, mit seiner Grande Armée in das Zarenreich einzufallen. Strategisch war der Krieg sinnlos – selbst wenn Frankreich gewonnen hätte. Nimmt man aber Napoleons Risikotrieb als Motor, wird die Psycho-Logik seines Russlandfeldzugs deutlich. Der Kaiser befehligte ein Heer nie gekannter Größe. Er errang erneut Schlachtentriumphe – ehe seine Verbände an der Weite des Landes, an Seuchen, Hunger und Erschöpfung zugrunde gingen. Der Soldatenkaiser rettete sich nach Paris und ließ bekannt geben: Die Gesundheit seiner Majestät sei „nie besser gewesen".

Fjodor Dostojewski hat Spielsucht authentisch geschildert, denn er war selbst ihr Sklave gewesen. Der Schriftsteller hatte sich der Risikogier in „Roulettenburg" ergeben. Der Einsatz von Geld interessierte Alexander, Napoleon, Hitler nicht. Sie wählten den höchsten Preis, den Massenkampf auf Leben und Tod: Krieg. Der Reiz dieses „Spiels" ist den Protagonisten bewusst. „Ein Mann wie ich scheißt auf das Leben von einer Million (Soldaten)", bekannte der von seinen Grenadieren adorierte Kaiser. Ihr Leben bedeutete Napoleon und Konsorten weniger als die Spannung des Kriegsspiels. Schrankenlose Zerstörer sind rationalen Argumenten nicht zugänglich.

Napoleon ließ sich 1813 vom österreichischen Kanzler Klemens von Metternich zu einem sechswöchigen Waffenstillstand überreden. Danach aber überwältigte ihn erneut die Risikosucht – was zu seinem Unterliegen in der Völkerschlacht bei Leipzig führte. Dies hatte Napoleons Abdankung und sein Exil auf Elba zur Folge. Ein letztes Mal noch versuchte der Despot wider alle Vernunft und militärische Kraftverhältnisse, das Glück bei Waterloo zu zwingen. Nach dem Unterliegen wurde er nach St. Helena verbannt. Dort nannte Napoleon die Annahme des Waffenstillstands seinen größten Fehler. Damit machte der geschlagene Feldherr deutlich, dass er nichts aus seinen Niederlagen lernen wollte. Entscheidend für ihn blieb die Sucht nach dem Risiko. Diesen mentalen Antrieb sinnlich nachvollziehbar aufgezeichnet zu haben, ist das Verdienst Fjodor Dostojewskis.

Ein entscheidender Unterschied zwischen Dostojewskis Spieler und Brandstiftern à la Napoleon und Putin ist nicht nur die Art und die Höhe, sondern auch die Komplexität des Einsatzes. Das macht Max Frisch in seinem Drama „Biedermann und die Brandstifter" deutlich. Der Brandstifter kann seine volle kriminelle Energie erst im Zusammenwirken mit den Biedermännern entfalten. Selbst als sie den Verbrecher durchschauen und vor seinem zerstörerischen Wirken gewarnt werden, unterwerfen sie sich ihm weiterhin. Am Ende liefern sie dem Verbrecher gar die Zündhölzer. Die Zustimmung der Biedermänner ist die Geschäftsgrundlage aller politischer Autokraten. Ohne ihre Kooperation sowie ihre Opferbereitschaft bleiben sie ungehörte Hetzer. Dies gilt, einerlei, ob die Brandstifter grenzenlos agieren, wie Napoleon und Hitler, oder ob sie kühl abwägende Gewaltherrscher sind wie Franco oder Pinochet – alle bleiben auf ihre Partner angewiesen.

Die Biedermänner ignorieren, dass der Brandstifter auf ihr Leben scheißt. Sie folgen ihm, weil sie davon durchdrungen sind, dass der Anführer ihre Interessen authentisch vertritt, und machen sich so zu dessen unentbehrlichen Mittätern.

Lange vor Dostojewski und Frisch dramatisierte William Shakespeare die Zwanghaftigkeit, den Vernichtungstrieb, den Zynismus, aber auch die schiere Dummheit der Rattenfänger und die Blindheit ihres Anhangs. In seinem Drama „Richard III." wird der Herzog von Gloucester von brennendem Ehrgeiz getrieben – auch um seine körperliche Verunstaltung zu überspielen. Systematisch mordet er sich durch das Königshaus. Selbst die im Tower gefangenen jungen Prinzen lässt er beseitigen. Schließlich erobert er die Krone. An der Macht, nennt der Herrscher „Gewissen ein Wort, das Feiglinge nutzen, erfunden einst, die Mächtigen in Furcht zu halten". Shakespeares Richard bedient sich der Sprache, die später Napoleon, Hitler, Putin und Wesensverwandte benutzten. So exemplifizierte er die Vernichtungssucht und den Untergang der Getriebenen. Im Drama „König Lear" zeigt der Dichter den Einfluss der Epoche auf die bestimmenden Akteure und ihre Mitläufer auf: „Das ist die Plage der Zeit, in der Verrückte Blinde führen."

Ringen um Macht ist menschlich. Es geschieht in Familien, Schulen, im Militär wie in Verbrecherbanden, in Firmen, in Regierungen. Auseinandersetzungen um legitimierte Macht sind Bestandteil demokratischer Systeme. Politische Marodeure nutzen demokratische Institutionen als Vehikel, um an die Schalthebel der Macht zu gelangen. Ihr Ziel ist die umfassende Herrschaft. Shakespeare durchschaute die unweigerliche Reaktion auf das gewissenlose Agieren Richards. Zunächst handelt er schlau, umschmeichelt seine potenziellen Mitläufer, setzt sie geschickt ein. Doch sobald er als unumstrittener Herrscher seinem Zerstörungstrieb folgen kann, tut er es ungehemmt und nimmt nicht länger Rücksicht auf seine Helfer. Dies ist die Stunde seiner Feinde und der enttäuschten Paladine. Sie ruhen nicht, bis der Usurpator zur Strecke gebracht ist. Prigoschin und Nawalny werden sicherlich nicht die letzten Rebellen gegen Putin bleiben.

Die Engländer erkannten als Erste den destruktiven Charakter Napoleons. Ihr fähigster Admiral, Horatio Nelson, vernichtete 1798 vor Abukir die Flotte Napoleons. Der ließ seine Armee im Stich und segelte nach Frankreich. Als er dort die Macht gewonnen, die Armee nach seinem Gusto geformt und mit den Eroberungen begonnen hatte, sandten die Briten dem Usurpator erneut Nelson entgegen. Der Admiral schaltete 1805 Frankreichs Flotte bei Trafalgar endgültig aus und bezahlte die Pflicht zum Sieg mit seinem Leben. Später fiel General Wellington mit seinem Expeditionskorps immer wieder auf dem Kontinent ein, um Napoleons Macht zu dezimieren. Bei Waterloo besiegelte er gemeinsam mit dem Preußen Blücher die Niederlage des Korsen.

Nach dem Fall Frankreichs 1940 bekämpfte Churchill als einziger europäischer Staatsmann Hitler unerschrocken. Wenige Jahre später hatte er den unüberwindbar scheinenden „Führer" zur Strecke gebracht. Nicht aufgrund Britanniens Stärke, vielmehr weil der Nazi von seinen destruktiven Kräften getrieben wurde, sich immer mehr Feinde zu schaffen. Shakespeare skizzierte die Blaupause für den Niedergang Hitlers und von dessen Geistesbrüdern.

Politische Brandstifter nehmen, wenn sie keine Wahl haben, selbst in einer labilen Demokratie wie in Weimar oder in der Türkei den formal korrekten Weg, um an die Macht zu gelangen. Erdoğan erläuterte die Funktion der Demokratie in seiner Sicht als Vehikel zur Macht. Im Besitz der Herrschaft ließ Hitler wie von ihm angekündigt Köpfe rollen.

Hitler war ein Vernichter. Erdoğan dagegen ist ein politischer Opportunist, der mit allen Mitteln die uneingeschränkte Macht erstrebt. Er nutzt alle innen- wie außenpolitischen Krisen zur Machtakkumulation. Gelegentlich erzeugt er selbst Krisen. Die politische Erstarkung der Kurden, der amateurhafte Putsch von Teilen der türkischen Armee – stets entfachte Erdoğan die Flammen, um Konkurrenten wie die Gülen-Bewegung darin zu verbrennen. Droht das Feuer seiner Kontrolle zu entgleiten, wie nach dem Abschuss eines russischen Kampfflugzeuges oder der Besetzung kurdischen Gebiets im Irak und in nachfolgenden Gefechten, macht Erdoğan Rückzieher. Denn der „Lider" verstand, dass eine bedingungslose Eskalation von ihm nicht beherrschbar war. Für Adolf Hitler dagegen kam nach der Münchner Konferenz im September 1938, als er sich im Besitz überlegener Schlagkraft wähnte, selbst ein temporärer taktischer Stillstand nicht infrage. Er gab dem Feuer immer mehr Nahrung.

Der Unterschied sowie die Gemeinsamkeiten zwischen dem zwanghaften Vernichter und dem berechnenden Machtmenschen wurde bei der einzigen persönlichen Begegnung zwischen Hitler und Franco in Hendaye am 23. Oktober 1940 deutlich. Die Wehrmacht hatte im Juni den größten Triumph der deutschen Kriegsgeschichte errungen. Paris und große Teile Frankreichs waren von deutschen Truppen besetzt. Hitler war der Beherrscher Europas. Franco dagegen war in einer schwachen Position. Er hatte den von ihm angezettelten Bürgerkrieg nur dank der militärischen Unterstützung Italiens und Nazideutschlands gewonnen. Der Krieg hatte eine halbe Million Menschenleben gefordert und große Teile der Wirtschaft und der Infrastruktur zerstört. Franco, seine Generäle und Falangisten konnten sich nur mit Gewalt an der Macht halten. Doch der „Caudillo" trat Hitler keineswegs als Bittsteller gegenüber. Im Gegenteil: Franco stellte unerfüllbare Forderungen. Hitler benötigte für seinen bevorstehenden Feldzug gegen die Sowjetunion spanische Soldaten als Kanonenfutter. Das wollte der kalt analysierende General, der die Geschichte des spanischen Guerillakriegs gegen die französische Besatzung ab 1808 und den Russlandfeldzug Napoleons kannte, unter allen Umständen verhindern. Um nicht Nein sagen zu müssen, schraubte Franco seine Forderungen immer höher, bis der NS-Führer nach sieben Stunden das Gespräch verärgert abbrach. Franco hatte sein Ziel erreicht. Er bewahrte sein

Militär und damit seine Machtbasis – während der Hasardeur Hitler im Folgejahr den Ostfeldzug startete.

Hitler jagte sich am Ende seines Krieges 1945 eine Kugel in den Kopf – Franco dagegen beherrschte Spanien noch 30 Jahre, ehe er entschlief. Hitler und Franco repräsentieren Prototypen: triebhafter Zerstörer und emotionsloser Rechner. Der Vernichtungswahn Hitlers enthüllte sich in dem Völkermord an den Juden. Für ihre Auslöschung stellte er während des Krieges Einsatzgruppen und KZ-Personal sowie Transportkapazitäten bereit, die der Front fehlten. Der Massenmord besaß für Hitler Vorrang. Die übrigen Gewaltherrscher stehen zwischen diesen Extremen. Alle trachten danach, reale und potenzielle Gegner unschädlich zu machen und uneingeschränkt zu herrschen. Der Unterschied ergibt sich aus der Varianz der Risikobereitschaft. Alexander, Attila, Napoleon, Hitler wollten alle Völker des Erdenkreises unterwerfen. Taktierende Marodeure dagegen erstreben das jeweilige Ziel durch Einsatz begrenzter Mittel. Zu dieser Kategorie zählen neben Franco unter anderem Putin, Trump, Erdoğan, Netanyahu. Ergeben sich Gelegenheiten, etwa wenn Gegner Schwäche zeigen, dann versuchen solche Aggressoren, die Umstände für sich zu nutzen. Vladimir Putin wollte die scheinbare militärische Ohnmacht sowie die vermeintliche politische Isolation der Ukraine instrumentalisieren, um das Nachbarland erobern zu lassen. Doch das Urteilsvermögen des Kremlchefs hatte während der Jahrzehnte an der Macht und durch eine Reihe leichter Siege gelitten. Er überschätzte sich und seine Streitkräfte. Daher scheiterte er – zunächst.

Donald Trump dagegen musste als Unternehmer früh lernen, sein Risiko überschaubar zu halten. Daher mied er militärische Abenteuer im Ausland wie der Teufel das Weihwasser. Seinen

Sprüchen, inklusive Vernichtungsdrohungen gegen Nordkorea, zum Trotz bemühte sich der 45. US-Präsident darum, militärische Präsenz in kritischen Auslandsregionen abzustoßen. Seinen Dominanztrieb beschränkte Trump auf Amerika, das er gemäß seinen Vorstellungen „wieder groß machen" wollte. Dazu gehörte in seinem Verständnis, alle Kräfte, die seinem Machtanspruch entgegenstanden, auszuschalten. Zu diesem Zweck förderte der Präsident eskalierende Auseinandersetzungen in der amerikanischen Gesellschaft. Er benötigte diese Konflikte, um seine Gefolgschaft permanent zu mobilisieren.

Die destruktive Persönlichkeitsstruktur des Brandstifters entfaltet erst in Verbindung mit seiner Anhängerschaft in einer sich wandelnden Gesellschaft ihre volle Wirkung. Ein labiler Maler und Musikenthusiast wie Hitler hätte später, während der Adenauerzeit, kaum Gefolgschaft für seine aggressiven Parolen gefunden. Trifft dagegen der potenzielle Anführer während einer wirtschaftlich-gesellschaftlichen Umbruchsphase auf eine Gruppe von Modernitätsverlierern, wirkt er wie eine brennende Lunte auf eine Ladung Sprengstoff, er bringt das Dynamit zur Explosion.

Vladimir Putin, dem die mitreißende Kraft des Demagogen abgeht, setzt auf seine Seilschaften, die Silowiki und die Massenmedien der Oligarchen, Xi Jinping auf die allumfassenden Machtapparate der Partei und der Armee, Erdoğan benutzt die tiefe Religiosität der ärmeren Schicht. Die Anführer machen sich zu Sprachrohren gesellschaftlicher Gruppen, die ihren Einfluss schwinden, ihre Existenz gefährdet wähnen. So entsteht ein zeitweilig unverbrüchliches Band zwischen dem Führer und seinen Gefolgsleuten, die bereit sind, seinen Befehlen zu folgen – selbst wenn sie für diese Treue mit ihrem Leben zahlen müssen.

Die Geschichte und die Marktwirtschaft beweisen, dass eine Nachfrage auf Dauer bedient wird. Es ist davon auszugehen, dass sich in sozialen Krisen, in bedrohlich empfundenen Wechselphasen, Führergestalten finden werden. Eva Peron, Marine Le Pen, Giorgia Meloni zeigen, dass auch Frauen das Potenzial besitzen, zu Brandstifterinnen zu werden.

Nach der totalen militärischen Niederlage Deutschlands kamen nur wenige NS-Kriegsverbrecher vor ein internationales Gericht. Napoleon wurde nach seinen militärischen Niederlagen auf entlegene Inseln verbannt. Nicht aufgrund seiner Kriegsverbrechen, sondern weil er seine Macht eingebüßt hatte. Trump ist mehrfach angeklagt und verurteilt worden. Auch Netanyahu steht vor Gericht – doch nicht, weil er den Konsens einer freien Gesellschaft zerstört und den Krieg nicht so schnell wie möglich beendet, sondern aufgrund von Korruption und Betrug. Gegen politisch-gesellschaftliche Spalter vorwiegend mit juristischen Mitteln vorzugehen und ihr Wirken dadurch lahmlegen zu können, wäre ein geregeltes Geschäft. Doch es funktioniert selten. Politische Brandstifter stellen sich keiner unabhängigen internationalen Justiz. Lediglich wenn sie militärische Niederlagen erleiden und dazu gezwungen werden, müssen sie sich der Prozedur unterwerfen – wie der Serbe Slobodan Milošević nach dem verlorenen Krieg ab 2002 vor dem internationalen Kriegsverbrechertribunal in Den Haag.

Beschwichtigungspolitik kann politische Pyromanen nicht bremsen, weil sie ausschließlich auf Verhandlungen setzt und auf Machtmittel verzichtet. Die Geschichte erweist, dass Brandstifter einseitige politische und wirtschaftliche Zugeständnisse als Zeichen der Schwäche werten. Dadurch wähnen sie sich ermutigt, ihre Forderungen fortwährend in die Höhe zu treiben, bis die

Gegenseite aufgibt oder sich zu gewaltsamem Widerstand entschließt, wie London und Paris nach dem deutschen Überfall auf Polen 1939.

Dennoch besteht die Möglichkeit, Kriege zu verhindern, indem Gesellschaften Resilienz entwickeln, die es potenziellen Gewaltherrschern unmöglich macht, eine nennenswerte Anhängerschaft um sich zu versammeln.

Funktionierende Demokratien sind der wirksamste präventive Schutz gegen politische Brandstifter. Selbst wenn es ihnen „legal" gelungen ist, in relativ freien Wahlen an die Macht zu gelangen, um anschließend die Demokratie systematisch zu liquidieren. Diese Demontage der Freiheit ruft demokratische Gegenkräfte auf den Plan. So war es zumindest *vorläufig* möglich, Trump abzuwählen. Gelangen Expansionisten an die Macht, besteht die Option, sie außenpolitisch einzuhegen. Dabei ist mit dem Zuckerbrot der Diplomatie vorzugehen. Doch die Peitsche der Abschreckung muss glaubwürdig sein. Ansonsten taugt die Diplomatie lediglich zu Kapitulationsverhandlungen.

Wir alle lügen mitunter. Politische Brandstifter dagegen sind im kriminellen Dauereinsatz. Nur gelegentlich legen sie taktische Pausen ein – ehe sie mit verstärkter Energie weiterhin ihr unverrückbares strategisches Ziel anstreben: die uneingeschränkte Herrschaft zu erlangen und jeden realen sowie potenziellen Rivalen auszuschalten. Sie sind dem Spiel um die schrankenlose Herrschaft verfallen. Der Vernichter benötigt willige Helfer. Er ist nur in der Lage, die Flammen zu entfachen, wenn er auf Biedermänner zählen kann, die sein Streben aufnehmen und verwirklichen. Die Brände sollen so heiß und weitflächig sein, dass alles darin verbrennt – am Ende er selbst. Der berechnende

Gewaltherrscher dagegen weiß um die vernichtende Macht der Flammen. Daher versucht er, das Geschehen zu kontrollieren wie die Militärs Franco und Pinochet. Putin und Erdoğan gaben sich als „lupenreine Demokraten", tatsächlich strebten sie die ungeteilte Herrschaft an. Doch leichte Siege, leichtsinnige Berater und Gewöhnung an die Macht sowie ohnmächtige demokratische Rivalen ließen sie zunehmend an die eigene Unfehlbarkeit und die Fähigkeit glauben, alles zu können – auch Konflikte zu stiften und diese nach Belieben einzuhegen.

Anhänger der Freiheit sind den Verbrechern keineswegs ausgeliefert. Deren Untaten rufen den Widerstand der Mutigen und Klugen hervor. Winston Churchill, Claus Schenk von Stauffenberg, Georg Elser, Wolodymyr Selenskyj, Osman Kavala, Alexej Nawalny und Anna Politkowskaja treten den Brandstiftern entgegen.

Es ist verantwortungslos und ungenügend, die Bekämpfung der Brandstifter Helden zu überlassen oder untätig zuzuwarten, bis der Zahn der Zeit und Fehler deren Tun beenden. Auf diese Weise macht man sich der unterlassenen Hilfeleistung gegenüber ganzen Völkern schuldig. Zudem besteht die objektive Gefahr, dass die politischen Verbrecher, durch die ihnen von den Beschwichtigern vorgeworfene Beute gestärkt, sich zu neuen Aggressionsakten ermutigt fühlen. Es ist daher moralisch geboten und politisch klug, wenn auch unbequem und oft gefährlich, die Gewaltherrscher aktiv zu bekämpfen.

Unter politischen Brandstiftern stellen die Eroberer eine spezielle Kategorie dar. Eroberer werden von ihrem Charakter dazu getrieben, möglichst viele Gegner militärisch zu besiegen und ihre Territorien zu besetzen. Die Ergreifung der Herrschaft im eigenen Land ist lediglich Voraussetzung für die nachfolgenden Eroberungszüge. Ihre Ziele werden von willigen Soldaten und Unterstützern geteilt.

Der Eroberer ist ein Hasardeur, der seinen Einsatz stets erhöhen muss – auch wenn die Schlachten und Besetzungen keinen politischen oder militärischen Sinn ergeben, ja kontraproduktiv sind. Alexander, später der Große genannt, ergriff die Macht in seiner mazedonischen Heimat, unterwarf die griechischen Staaten, zog nach Kleinasien, besiegte die persischen Heere und eroberte das Land. Danach zwang der Feldherr sein Heer durch Wüsten und Gebirge zu einem Feldzug nach Indien, dessen einziger Sinn kriegerisches Abenteuer war. Als die Soldaten und Kommandeure dies begriffen, zwangen sie Alexander zum Rückzug ins eroberte Persien, wo er sich binnen weniger Jahre zu Tode trank. Der Herrscher starb im Alter von nur 33 Jahren.

Alexander war ein zwanghafter Eroberer: Zugleich ließ er neue Städte erbauen, denen er am liebsten seinen Namen gab. Die bekannteste ist das heutige Alexandria. Zugleich versuchte er, die Griechen mit den eroberten Völkern zu versöhnen, eigensinnige Stämme und Religionsgemeinschaften wie die Juden, die sich ihm unterwarfen, ließ der Kaiser ungeschoren. Fremde Völker und Religionsgemeinschaften zu verfolgen oder gar zu vernichten, kam Alexander nicht in den Sinn.

Der korsische Leutnant Napoleon Bonaparte nutzte die Umbrüche der Revolution und das folgende blutige Chaos von *La Terreur* sowie die daraus erwachsende Sehnsucht des Bürgertums nach Sicherheit und Ordnung, um sich gewaltsam als Erster Konsul an die Spitze des Staates zu setzen und der Gesellschaft zunächst die erhoffte Ruhe zu vermitteln. Zugleich rüstete er die

Armee optimal auf, um sein wahres Bedürfnis zu erfüllen, alle fremden Heere zu besiegen und ihre Länder seiner Führung als französischer Kaiser zu unterwerfen. Dieses Unterfangen gelang innerhalb weniger Jahre. Doch damit war die militärische Spielsucht Napoleons keineswegs befriedigt. Er wollte mit einer Grande Armée nie gekannter Größe Russland erobern. Der Feldzug scheiterte an Winter und Seuchen. Trotz militärischer Unterlegenheit versuchte der Kaiser danach immer wieder, das Kriegsglück zu erzwingen, ehe er von den Siegermächten endgültig verbannt wurde.

Napoleon war, wie einst Alexander, von der Gier nach Kriegen, das heißt dem Trieb, seine Gegner niederzuwerfen, besessen. Seine Soldaten setzte der Feldherr und leidenschaftliche Schachspieler als Figuren ein, auf deren Schicksal er „schiss“ – ebenso wie auf das Schicksal der Länder und deren Bevölkerung. Doch unbeteiligten Zivilisten mutwillig zu schaden, sie gar umbringen zu lassen, kam Napoleon nicht in den Sinn. Es verschaffte ihm keine kriegerische Genugtuung.

Der Vernichter: Hitler

Adolf Hitler strebte wie jeder politische Brandstifter nach absoluter Herrschaft. Nachdem er diese taktisch geschickt mithilfe seiner Mitläufer erreicht hatte, zog es ihn wie alle Eroberer zur Niederwerfung der feindlichen Armeen und zur Beherrschung von deren Ländern. Doch im Gegensatz zu „normalen" Brandstiftern begnügte sich Adolf Hitler nicht mit militärischen Triumphen. Der Naziführer war von dem Trieb besessen, alle, die er als Feinde ansah, zu vernichten. Selbst wenn dies die militärische Schlagkraft seiner Armeen beeinträchtigte. Die ungezügelte Sucht zu zerstören unterscheidet Adolf Hitler von allen anderen Brandstiftern der Neuzeit, deren oberste Priorität die Eroberung und Erhaltung der Macht war. Für Adolf Hitler dagegen hatte die Zerstörung Vorrang. Er war ein besessener Vernichter.

Während des Ersten Weltkrieges hatte Hitler im bayerischen Heer gedient. Der heimatlose Österreicher verblieb auch nach Friedensschluss im Militär. Dort fiel er mit antisemitischem und antibolschewistischem Gerede auf. Dies war eine Empfehlung für seine Vorgesetzten, unter anderem Hauptmann Ernst Röhm. Hitler wurde gefördert. Er schied aus dem Heer aus und gewann ein Renommee als Bierkellerdemagoge. Seine Parolen „Novemberverbrecher", „Judenrepublik", „Verrat", „Kampf gegen das Diktat von Versailles und den Bolschewismus" wurden von nationalistischen Kleinbürgern geteilt. Röhm schätzte Hitlers Sturmabteilungen, die SA, als „wertvolles Menschenmaterial", als Ersatztruppe für die auf 100 000 Mann reduzierte Reichswehr.

Die wirtschaftlich-politische Krise ermutigte Rechtsextremisten zur Konfrontation der „Ordnungszelle Bayern" mit der „Berliner Judenrepublik". Hitler wurde von seinen Anhängern als „bayerischer Mussolini" gepriesen, der 1922 mühelos an die Macht in Rom gelangt war. Seine Mitläufer machten den einstigen Obergefreiten zu ihrem „Führer". Denn er war fähig, ihre Angst, ihre Bedrückung und ihren Hass in Worte zu fassen. So wurde Hitler zum Medium seiner allzu willigen Helfer. Am 8. November 1923 erzwang er am Rande einer Versammlung seiner Partei die Gefolgschaft des in Bayern eingesetzten Reichskommissars von Kahr und seiner Mitarbeiter. Gemeinsam mit dem Kriegsverlierer Ludendorff wollte Hitler an der Spitze der SA und anderen Anhängern nach Berlin ziehen und Deutschland vom „marxistisch-demokratischen Joch" befreien.

Der dilettantische Umsturzversuch scheiterte anderntags im Feuer der Polizei. Hitler und eine Reihe von Putschisten wurden als Aufrührer verurteilt. Seine fünfjährige Haftstrafe wurde auf 18 Monate reduziert. Er nutzte die Zeit in der Festung Landsberg am Lech zur Abfassung seines Buches „Mein Kampf", einer Mischung aus Biografie und politischem Manifest. Hitler gab vor, Deutschland und die Welt würden von einer jüdisch-bolschewistischen Plutokratie beherrscht. Dagegen müsse sich die überlegene „arische Rasse" wehren. Die Prinzipien dieser Weltanschauung waren längst von Rassisten und sogenannten Sozialdarwinisten entwickelt worden. Zugleich bewies der gescheiterte Umstürzler taktische Einsicht. Hitler hatte erleben müssen, dass die Demokratie von Weimar stabil genug war, einem Coup standzuhalten.

Als Hitler Ende 1924 aus der Haft entlassen wurde, war die Inflation dank der Rentenmark überwunden worden, die Wirtschaft fasste wieder Tritt, die Bevölkerung begann sich in den „Goldenen Zwanzigern" mit der Weimarer Republik auszusöhnen. Der Liberale Gustav Stresemann galt als Anker der Demokratie. Bei den Reichstagswahlen 1924 blieb die NSDAP unter drei Prozent. Selbst der 1925 von einem rechten Parteienbündnis zum Reichspräsidenten gewählte Paul von Hindenburg gab sich – vorläufig – verfassungstreu.

Anfang Oktober 1929 starb Gustav Stresemann, Ende des Monats brachen die Kurse an der New Yorker Börse ein. Es war der Beginn einer anhaltenden globalen Rezession. Deutschland wurde besonders hart getroffen. Die Arbeitslosigkeit stieg rapide. Ende 1932 waren sechs Millionen Menschen ohne Beschäftigung, zumeist Männer als alleinige Ernährer ihrer Familien. Die staatliche Unterstützung wurde stetig reduziert. Nicht nur Arbeitslose suchten zunehmend Heil bei den Nazis, der SA, vor allem aber bei Hitler, der sich zum Retter des Vaterlandes gegen antideutsche Verschwörungen stilisierte. Die Propagandaparolen von Hitler, Goebbels und Parteigenossen, ihre Aufmärsche und die Einschüchterungstaktik der SA zeitigten zunehmend Wirkung.

Bei den Reichstagswahlen von 1930 gelang es der NSDAP, ihren Zulauf auf über 18 Prozent mehr als zu versechsfachen. Die Nazis wurden von einer radikalen Splittergruppe zur zweitstärksten Partei katapultiert. Ihre kompromisslose Opposition zur rigorosen Sparpolitik des farblosen Reichskanzlers Heinrich Brüning wurde deutschlandweit honoriert.

Der Regierungschef ohne Mehrheit im Parlament wurde zum Erfüllungsgehilfen des Reichspräsidenten. Hindenburg lenkte nunmehr die Politik mit Notverordnungen. Der greise Militär sah die Zeit gekommen, seine nationalistischen Vorstellungen durchzusetzen. 1932 entließ Hindenburg Brüning und ernannte Franz von Papen und Kurt von Schleicher nacheinander zu Kanzlern. Die politischen Dilettanten waren unfähig, die Not und die Arbeitslosigkeit zu mindern. Das war Wasser auf die Mühlen der Nazis, deren Verschwörungs- und Erlösungspropaganda von immer mehr Menschen geglaubt wurde. Teile der SA und seiner Partei drängten Hitler, erneut einen Umsturz zu wagen. Doch der Naziführer gab sich verfassungskonform, weshalb er als „Adolphe Légalité" verspottet wurde. Aber Hitler besaß einen klaren Plan. „Wir werden legal an die Macht gelangen, danach werden wir legal Köpfe rollen lassen", erläuterte er Vertrauten. Ein Grund für die Legalitätstaktik Hitlers war die Warnung des Chefs der Heeresleitung Kurt von Hammerstein-Equord. Der General drohte dem NS-Chef, falls er legal zur Macht gelange, würde er dies akzeptieren. „Im anderen Fall würde ich schießen."

Millionen Bürger sahen keine Alternative zur NSDAP. Der Reichspräsident teilte schließlich ihre Sicht und betraute am 30. Januar 1933 Hitler mit dem Amt des Kanzlers. Die Deutschnationalen, mit denen Hitler die Regierung bildete, wähnten den Nazi-„Trommler" von ihren Ministern „eingerahmt". Doch die Massen standen hinter Hitler. Einige Tausend von ihnen ließ ihr „Führer" noch am Abend seiner Ernennung fackeltragend durch das Brandenburger Tor marschieren. So schüchterte er seine zeitweiligen Partner von Anbeginn ein. Binnen weniger Monate gelang es Hitler, alle Parteien und Organisationen mit seiner Bewegung „gleichzuschalten".

Ein Jahr später ließ der NS-Führer SA-Stabschef Röhm und dessen Vertraute sowie seinen Vorgänger von Schleicher und konservative Oppositionelle ermorden. Als Hindenburg kurz darauf am 2. August 1934 starb, trat Hitler dessen Nachfolge an. Er war fortan „Führer und Reichskanzler". Die Reichswehr wurde auf ihn vereidigt. Hitler war Deutschlands Diktator.

Der rapide Zulauf zu Hitler wird bis heute mit dessen Charisma erklärt. So wird suggeriert, „der Führer" sei unwiderstehlich gewesen. Falsch! Die vermeintliche Gnadengabe sagt ebenso viel über die Mitläufer aus wie über den Rattenfänger. Er stimmt die Melodie an, die sein Gefolge hören will.

Nur Menschen, die die mythologische Nostalgie der Nazis nach der Götterwelt Germaniens oder seinen Rassismus und Sozialdarwinismus teilten, orientierungslos oder verzweifelt waren, konnten sich für Hitlers Weltanschauung und dessen Parolen begeistern. Gegenüber überzeugten Demokraten, Humanisten, gläubigen Christen blieben seine Schlagworte und die sie tragende Ideologie wirkungslos. Der Nazismus und dessen Führer riefen bei diesen Personengruppen Widerwillen hervor. Beispielsweise beim Offizier Hans Oster, bei Dietrich Bonhoeffer, Carl von Ossietzky, Alfred Delp, dem Publizisten Paul N. Cossmann, bei Sophie Scholl, Hannelore Willbrandt, Traute Lafrenz.

Andere erklären den Aufstieg der Nazibewegung als Folge der hohen Arbeitslosigkeit sowie der Unfähigkeit der Demokraten, die Rezession zu beheben. Doch in den USA waren verhältnismäßig mehr Menschen ohne Beschäftigung als in Deutschland. Auch hier warben Rassisten, Nationalisten, Verschwörungspropheten um Zustimmung. Aber bei den Präsidentschaftswahlen 1932 fuhr der Demokrat Franklin D. Roosevelt einen deutlichen Sieg über einen gemäßigten Republikaner ein. In den von Not und Arbeitslosigkeit geplagten Demokratien Frankreich und

Großbritannien setzten sich ebenfalls gemäßigte Kandidaten durch.

Nachdem er seine Machtstellung mithilfe der aufgerüsteten Reichswehr und der SS konsolidiert hatte, zog Hitler sein diplomatisches Tarnnetz beiseite und setzte auch außenpolitisch auf eine unverhüllte Militarisierung. Die Wehrmacht hatte die in „Mein Kampf" hervorgehobenen Eroberungsziele gewaltsam zu verwirklichen. Zudem wollte Hitler die Existenz der Juden und anderer Feinde in seinem Herrschaftsbereich vernichten. Die SS hatte durch ihre Morde während des Röhm-Putsches ihre Effizienz bewiesen.

Anfang 1939 proklamierte Hitler öffentlich die „Vernichtung der Juden" im kommenden Krieg, den er im Herbst gegen Polen vom Zaun brach. Als Hitler zwei Jahre später den lange geplanten Eroberungsfeldzug gegen die Sowjetunion befahl, nutzte der Diktator die Gelegenheit zur kollektiven Ermordung der europäischen Juden.

Hitler war der radikalste Vernichter der Weltgeschichte. Die Eroberung von Ländern war ihm lediglich ein Mittel zur „Ausmerzung" aller, denen er dieses Los zuwies. Voraussetzung für Hitlers Aufstieg, seiner Diktatur und seiner Massenmorde war die aktive Unterstützung, zumindest die Duldung von Millionen Deutschen und Europäern. Sie wurden so zu unerlässlichen Mordkomplizen ihres Führers. Selbst gegen die eigenen behinderten Angehörigen.

Brandstifter der Gegenwart

Politische Brandstifter, denen es gelingt, die Macht zu erobern, sich über längere Zeit an der Spitze zu halten und das Geschehen zunehmend zu bestimmen, zeichnen sich durch kalte Berechnung und absolute Kontrollsucht aus. Ebenso wie Zerstörer werden sie von dem Bestreben nach vollkommener Herrschaft getrieben. Doch ihre Selbstdisziplin lässt sie die unbeschränkte Risikobereitschaft der Zerstörer meiden, die über kurz oder lang in den Fluten ertrinken, die sie zu beherrschen suchen.

Die anfängliche Rationalität der Brandstifter ist kalkuliertes Vorgehen. Es lässt viele glauben, man könne mit ihnen zu einem Interessenausgleich gelangen. Das ist ein gefährlicher Irrtum. Denn der Machttrieb der politischen Pyromanen lässt sich nur durch eine glaubwürdige Abschreckung einhegen.

Putin

Vladimir Putin ist kein Heißsporn. Der geborene Leningrader agierte lange Zeit als kühl kalkulierender Aufsteiger. Nachdem er als KGB-Resident in Dresden überflüssig geworden war, gelang ihm in der unsteten Nachsowjetära eine rasante Karriere. Denn Putin analysierte und spürte als einstiger Geheimdienstprofi die Orientierungslosigkeit und die Ängste der Bevölkerung. Putin schmerzte wie viele der Verlust des Sowjetreiches und dessen stabilen sozialen Werten. Er teilte den Stolz seiner Zeitgenossen auf die einst mächtige UdSSR und ihre siegreiche Armee. Den „Zusammenbruch der Sowjetunion" sah er „als größte geopolitische Katastrophe des 20. Jahrhunderts". Dieses allgemeine Empfinden war das Band zwischen Putin und vielen Bürgern, vor allem mit seinen ehemaligen KGB- und vielen KPdSU-Genossen.

Vladimir Putin war kein Agitator. Er ist vielmehr ein hybrider Brandstifter, der seine Ziele dem möglichen Handlungsspielraum anpasst. Doch durch seine Taten, zunächst als stellvertretender Bürgermeister von Sankt Petersburg, dem einstigen Leningrad, und in weiteren, immer wichtigeren Ämtern und Funktionen bewies Putin seiner wachsenden Helferschar, dass er ihre Interessen teilte und offensiv vertrat. Nur mit Unterstützung seiner Gesinnungsgenossen war es Putin möglich, so zügig den Gipfel der Macht zu erklimmen und sich dort zu halten.

Ende 1999 ernannte der verbrauchte Präsident Boris Jelzin Putin zu seinem Nachfolger. Während dieser Zeit kam es vermehrt zu Kämpfen zwischen islamistischen Tschetschenen und russischen Sicherheitskräften. Es bestehen Hinweise, dass Anschläge in Moskau und anderen Orten, die tschetschenischen Terroristen zugeschrieben wurden, tatsächlich vom Inlandsgeheimdienst FSB gesteuert wurden, den Putin weiterhin kontrollierte. Mithilfe der Silowiki, von Spezialeinheiten der Polizei und des Militärs, gelang es Putin, separatistische Bestrebungen in Tschetschenien, Dagestan, Inguschetien und anderswo auszulöschen oder deren Anführer als Kollaborateure für sein Regime zu gewinnen, wie die tschetschenischen Anführer, Vater und Sohn Kadyrow.

Als Präsident kam es für Putin zunächst darauf an, einen weiteren Zerfall Russlands zu verhindern und dabei seine Position zu konsolidieren. Er tat dies brutal und umsichtig. Separatisten und aktive Oppositionelle, etwa Menschenrechtsgruppen, wurden durch Sanktionen bis hin zu Tötungen zum Schweigen gebracht. Putin mag sich dabei als Verteidiger des Vaterlands empfunden haben. Tatsächlich verschärfte er mit seinem brutalen Vorgehen lediglich die innergesellschaftlichen Konflikte.

Zugleich war dem Präsidenten bewusst, dass er die Basis seiner Unterstützer verbreitern musste. Ein populärer Schritt hierzu war die Gründung der Partei „Einiges Russland“ als Sammelbecken und Mobilisierungsinstrument für die Befürworter des Präsidenten und seiner Politik.

Wichtige propagandistische und materielle Hilfestellung leisteten dabei die Oligarchen. Die neue wirtschaftliche Elite wurde bei ihren Geschäften vom Präsidenten gefördert, im Gegenzug erwarben die vermögendsten Kaufleute Massenmedien, vor allem TV-Stationen mit landesweiter Reichweite. Politisch entscheidend war, für Putin und seine Politik zu werben. Doch das Geschäft auf Gegenseitigkeit funktionierte zunehmend schlecht. Es kam zu Interessengegensätzen. Die Oligarchen Boris Beresowski und Michail Chodorkowski hatten mit undurchsichtigen Geschäften Milliardenvermögen angehäuft. Ihre Fernsehsender hatten Boris Jelzin und Putin mit Geld und Propaganda unterstützt. Chodorkowski, der den größten Ölkonzern Russlands, Yukos, etabliert hatte, strebte nach globaler Expansion. Dies erforderte eine durchsichtige Geschäftspraxis mit Compliance-Regeln, die einem internationalen Standard genügten. Dazu gehören Demokratie und Menschenrechte. Diese Forderungen widersprachen dem verdeckten Herrschaftssystem Putins und seiner Silowiki. Da Chodorkowski Warnungen ignorierte, wurde er zu einer langjährigen Strafe verurteilt. Seine Firmen wurden beschlagnahmt. Beresowski war bereits nach Großbritannien geflohen, wo er trotz aufwendiger Schutzvorkehrungen zu Tode kam. Der Ölmilliardär Roman Abramowitsch verstand entsprechende Hinweise. Er veräußerte seine Firmen, emigrierte nach London und erwarb sicherheitshalber darüber hinaus die israelische und die portugiesische Staatsbürgerschaft. Er enthält sich Kritik an Putin.

Putin begreift das Ausschalten aller Widerstände als Selbstverständlichkeit. Seine Einschüchterungstaktik erzielt bei Gleichgültigen die gewünschte Ruhe. Doch bei selbstbewussten, freiheitlich gesinnten Persönlichkeiten, die den Zusammenbruch der sowjetischen Diktatur erlebten, wie den Mitgliedern der Menschenrechtsorganisation „Memorial“ und Oppositionellen wie Boris Nemzow, Anna Politkowskaja, Alexej Nawalny und anderen, bewirken die Drohungen und Zwangsmaßnahmen des Regimes das Gegenteil der Erpressungsabsicht. Die Opposition in den Köpfen lässt sich nicht ausschalten. Gegen ihre Manifestationen geht der Machtapparat des Kreml mit Terrormethoden vor wie zu Sowjetzeiten.

Putin verstand, dass die ideologische Starrheit und die hieraus resultierende wirtschaftliche Inkompetenz mitverantwortlich für den Kollaps der UdSSR gewesen waren. Doch je länger das Ende der Sowjetunion zurücklag und je mehr Macht er seither erzwang, desto stärker büßte der Herrscher seinen Realitätssinn ein. An dessen Stelle trat zunehmend die Überzeugung der eigenen Omnipotenz. Diese Empfindung erwuchs nicht zuletzt aus seinen außenpolitischen Erfolgen. Der Niederschlagung separatistischer Erhebungen in Tschetschenien und anderswo innerhalb des russischen Staatsgebiets folgten erste Interventionen in Georgien. Moskau unterstützte separatistische russische Minderheiten in Südossetien und Abchasien. Als Tiflis auf Befehl des nationalistischen Präsidenten Micheil Saakaschwili im August 2008 versuchte, die Separatisten mit militärischer Gewalt auszuschalten, marschierte das russische Militär ein und bezwang mühelos die georgischen Truppen. Das Scharmützel wurde von der russischen Propaganda zum Triumph im „Fünf-Tage-Krieg" stilisiert. Putin glaubte zunehmend den eigenen Lobhudlern, ähnlich einer Reihe anderer militärischer Dilettanten, unter ihnen Stalin, die sich als talentierte Strategen begriffen. Nach Stalins Muster wurde Putin in den Medien und seiner Partei zunehmend „Woschd", Führer, genannt. Moskau erhielt seine Unterstützung der Separatisten aufrecht – und damit die Besetzung von Teilen Georgiens. Die NATO und die EU protestierten dagegen lediglich moderat. Dies ermutigte den Kremlchef, seine nationalistischen Ambitionen offensiver zu verfolgen. Sie richteten sich verstärkt auf die Ukraine, den wichtigsten von Russland abgefallenen Staat.

Putin übte bestimmenden Einfluss auf die Ukraine durch wirtschaftlichen Druck, Korrumpierung, Propaganda und Geheimdienstaktivitäten aus. Kiew beugte sich zunächst dem Ansinnen des Russen. Der Großteil der Bevölkerung fühlte sich jedoch dem freien Europa zugehörig. Als die Regierung von Präsident Wiktor Janukowytsch in Kiew diese Absicht ignorierte und Ende 2013 auf Intervention des Kreml ein mit der EU ausgehandeltes Assoziierungsabkommen nicht in Kraft setzte, erhoben sich die Menschen, speziell am Maidan Nesaleschnosti in Kiew. Janukowytsch floh nach Russland. Putin reagierte bei ohnmächtigen Partnern gewohnt offensiv. Er ließ prorussische Kräfte aus der Ostukraine und der Krim ausbilden und bewaffnen. Von der russischen Armee und dem FSB gelenkt, brachten die Freischärler Gebiete im Osten der Ukraine unter ihre Kontrolle. Die NATO-Staaten beanstandeten dies nur verhalten. Den Tenor gab die US-Regierung Barack Obamas vor. Sie äußerte ihre „Besorgnis" über eine „angebliche russische Einmischung". Das bedeutete in Putins Verständnis grünes Licht für die nächste Eskalationsstufe. Armee-Einheiten ohne nationale Uniformen begannen mit der Besetzung der Halbinsel Krim. Die fehlende Kennzeichnung des Militärs war eine Vorsichtsmaßnahme des berechnenden Aggressors. Hätten die NATO-Staaten mit militärischen Gegenmaßnahmen wie der Alarmierung ihrer Luftwaffeneinheiten gedroht und die EU öffentlich wirtschaftliche Sanktionen, etwa das Einfrieren von Nord Stream 2, ins Spiel gebracht, wäre es Putin möglich gewesen, ohne Gesichtsverlust seine anonymisierten Verbände zurückzuziehen. Hier erwies sich Putin als hybrider Brandstifter – er ließ sich alle Optionen offen. Doch die westlichen Demokraten versuchten 2014 wie einst ihre Großväter, den Angreifer zu beschwichtigen. Putin hatte eine Carte blanche. Seine Soldaten schlüpften in ihre regulären Uniformen, neue Verbände kamen hinzu. Innerhalb weniger Tage im März 2014 besetzte das russische Militär die Krim. Der Präsident heimste den Ruhm ein, die Halbinsel, für deren Eroberung Sankt Petersburg Jahrhunderte gekämpft hatte, wieder an Mütterchen Russlands Brust geführt zu haben.

Erst nach der förmlichen Okkupation der Krim durch Moskau begann es manchen Europäern zu dämmern, dass sie nicht länger den Kopf in den Sand stecken konnten. Sie beschwerten sich andante im Kreml und erwogen Sanktionen. Unterdessen hatten die Ukrainer mit klarer Mehrheit Petro Poroschenko zum Präsidenten gewählt, der unzweideutig für eine von Moskau unabhängige, nach Westeuropa ausgerichtete Ukraine eintrat.

Putin reagierte abwägend. Er behielt die Krim als Kriegstrophäe, ließ die von ihm dirigierten Separatisten im Donbas und Luhansk weiterkämpfen, nahm den Abschuss eines malaysischen Passagierflugzeugs durch seine Hilfstruppen hin. Zugleich handelten seine Diplomaten mit Kiew und der OSZE einen Waffenstillstand aus, der in Minsk vereinbart und später in der Normandie von Putin, Merkel sowie den Präsidenten Frankreichs und der Ukraine, Hollande und Poroschenko, im Sommer 2014 gutgeheißen wurde. Wenige Tage darauf nahmen die von Moskaus Armee unterstützten ukrainischen Freischärler ihre Kampfhandlungen wieder auf. Putins Doppelstrategie war – vorderhand – aufgegangen. Die EU-Demokratien hatten de facto die Annexion der Krim durch Russland toleriert, Kiew fühlte sich nicht stark genug, gegen Russland vorzugehen, Putin hielt mithilfe seiner Lakaien in den östlichen Provinzen das Feuer am Glimmen und wahrte so die Option, in einer ihm günstig erscheinenden Konstellation das Nachbarland zu okkupieren.

Intern drückte er es ungeschminkt aus: „Du wirst uns gehören, meine Liebe, freiwillig oder durch Zwang." Die Politiker der westlichen Demokratien verschlossen Augen und Ohren vor der realen Bedrohung und machten ihren Bürgern vor, den Frieden gerettet zu haben. Sie hätten die aussagekräftige russische Parabel kennen sollen. Sie erzählt von einer Mutter, die mit ihren Kindern auf dem Schlitten einen winterlichen Wald durchquert. Als ihre Troika von Wölfen angegriffen wird, wirft die Mutter den Bestien ein Kind zum Fraß vor, um sich und die anderen Sprösslinge zu retten. Wie erhofft, machen die Wölfe halt, um das Kind zu verschlingen. Danach nehmen sie gestärkt die Verfolgung auf. Sobald sie näher kommen, überlässt ihnen die Frau das nächste

Kind. Das Spiel wiederholt sich, bis das letzte Kind geopfert ist. Am Ende fressen die Raubtiere die Mutter.

Acht Jahre nach der Krimeinnahme hielt der „Woschd“ die Okkupation der gesamten Ukraine für durchführbar. Die Bewaffnung der russischen Armee war modernisiert. Putin meinte, als Feldherr Erfahrung gesammelt zu haben. Doch in den Vereinigten Staaten regierte unterdessen der Demokrat Joe Biden. Der Präsident war kein Isolationist wie sein Vorgänger Trump. Der erfahrene Außenpolitiker verstand, anders als der Beschwichtiger Obama, dass eine Eroberung der Ukraine lediglich Russlands außenpolitische Ambitionen weiter anheizen würde. Biden wusste, dass sich Moskaus Streben auch auf die baltischen NATO-Mitglieder Litauen, Estland und Lettland richtete. Danach würden die Länder Osteuropas, die mittlerweile ebenfalls dem Nordatlantikpakt angehörten, folgen. Der sowjetische Machtbereich hatte auch die DDR umfasst. Eine Überlassung der Ukraine an Putins Wölfe hätte das Ende der NATO als glaubwürdiges Verteidigungsbündnis bedeutet. Diesem hatte der französische Präsident Macron den „Hirntod“ bescheinigt. Joe Biden dachte nicht daran, dem hirnlosen Appeasement des Franzosen zu folgen. Zumal der Amerikaner die globalen Folgen einer passiven NATO-Politik in der Ukraine ungleich besser abschätzen konnte als der Möchtegernstratege im Élysée-Palast.

Putin war bekannt, dass Washington seine Heimholung der Ukraine unter Moskaus Fittiche ablehnte. Den USA ging es dabei vor allem um China. Präsident Xi Jinping strebte die Übernahme Taiwans, notfalls mit militärischer Gewalt, an. Ein Überlassen der Ukraine an Moskau könnte Peking auch als Freifahrtschein zur Erpressung oder Invasion „seiner“ Insel ansehen. Taiwanesische Firmen produzierten auf ihrem Eiland zwei Drittel der Hochleistungschips weltweit. Durch die Einnahme der Insel würde China die Position der USA als Lenker der modernen Weltwirtschaft gefährden. Washington wollte dafür sorgen, dass sich der russische Bär im ukrainischen Honigtopf eine blutige Nase holte, um den chinesischen Drachen abzuschrecken, gegen das begehrte Eiland vorzugehen. Daher setzten die USA ein mächtiges militärisches Unterstützungsprogramm in Europa in Gang. London erklärte sich mit Washington solidarisch.

Derweil hielt Bundeskanzler Scholz an der Außenpolitik seiner Vorgängerin Merkel fest, die bereits 2008 eine Aufnahme der Ukraine in das westliche Bündnis blockiert hatte. 14 Jahre später verhinderte Scholz zunächst eine Verpflichtung der NATO, Kiew einen Beitritt zur westlichen Allianz in Aussicht zu stellen. Der Kanzler dagegen wollte Putin mit einer Inbetriebnahme der Gaspipeline Nord Stream 2, die eine noch größere wirtschaftliche Abhängigkeit Deutschlands von Russland bedeutet hätte, von einem Krieg abhalten, ihn bezahlen und beschwichtigen.

Der russische Präsident hatte indessen die Vorsicht abgelegt, die sein Vorgehen trotz aller Skrupellosigkeit bis dahin ausgezeichnet hatte. Putin näherte sich seinem 70. Lebensjahr, der „Woschd" wahnte, er sei als politischer und strategischer Führer für sein Land unentbehrlich. Putin kannte die Bereitschaft der Europäer, speziell der Deutschen, einen zunehmenden Preis für die Vermeidung eines offenen Krieges zu zahlen. Wichtiger als Europa und die USA war für den Kremlherrn jedoch die Haltung Pekings. Durch seine wirtschaftliche Dynamik war China immer mehr auf das Rohstoffpotenzial Russlands, speziell dessen fossile Energie, angewiesen. Eine vertiefte Zusammenarbeit war im Interesse beider Staaten. Zudem lehnte Xi den globalen Führungsanspruch der Vereinigten Staaten ebenso wie eine Erweiterung der NATO ab. Am 4. Februar 2022 nahm Vladimir Putin als einziger Präsident einer großen ausländischen Staatsmacht an der Eröffnung der Olympischen Winterspiele in Peking teil. Ergebnis der folgenden politischen Gespräche war eine „beispiellose“ politische und wirtschaftliche Zusammenarbeit „nie dagewesenen Charakters“.

Globalpolitisch gestärkt, ordnete Putin den Rückzug Moskaus von der Minsker Vereinbarung, dem Waffenstillstand in der Ostukraine, an. Die von Russland unterstützten Separatisten hatten ihn ohnehin nie eingehalten. Aus Rücksicht auf China wartete Putin das Ende der Olympischen Spiele ab, ehe er nach einer Sitzung des Nationalen Sicherheitsrates den Befehl zur „Spezialoperation“ erteilte. Der Grund der tarnenden Wortwahl im Stile des „Neusprechs“ von George Orwells Roman „1984“: Die Heimholung der Ukraine, die nach dem Verständnis des Präsidenten und der Mehrheit seiner Landsleute Teil Russlands war und bleibt, durfte kein Krieg sein, auch wenn der Feldzug gewaltsam ausgetragen wurde.

Die Invasion war von Anbeginn eine politische Katastrophe für Russland. Selbst die Europäer konnten die Augen nicht länger vor den Tatsachen verschließen. Bundeskanzler Scholz sprach vor dem Bundestag von einer durch den Krieg eingeläuteten „Zeitenwende“ und setzte Sanktionsmaßnahmen in Kraft, die für die deutsche Wirtschaft und Bevölkerung schmerzhaft waren, jedoch Berlins Glaubwürdigkeit erhöhten. Ähnlich deutlich reagierten die meisten NATO- und EU-Mitglieder. Präsident Bidens realistische Politik setzte sich durch. Die Vereinigten Staaten waren mit Kriegsbeginn wieder die unumstrittene Führungsmacht der westlichen Welt. Global erlitt Putin ebenfalls ein Fiasko. Denn der Angriffskrieg zerstörte selbst den Minimalkonsens der Staatenordnung. Daher verurteilte die Vollversammlung der Vereinten Nationen mit überwältigender Majorität die Kriegsattacke. Lediglich Iran und Nordkorea stimmten mit Moskau. Selbst die „beispiellosen“ chinesischen Freunde enthielten sich der Stimme.

Auch auf dem Schlachtfeld gingen Putin und seine Militärs zunächst dilettantisch vor. Die Aufklärungsarbeit der Geheimdienste von Armee und seines FSD war ungenügend. Sie unterschätzten Quantität und Qualität des feindlichen Waffenarsenals, speziell der importierten US-Rüstungsgüter. Schlimmer noch wirkte sich die falsche Bewertung der Kampfkraft der ukrainischen Armee aus. Dagegen wurden, typisch für Diktaturen, die Wirksamkeit des russischen Kriegsgeräts und die Entschlossenheit der eigenen Verbände überbewertet. Zudem glaubten Putin und seine Generäle, die Witterung ignorieren zu können, da sie mit einem Blitzfeldzug rechneten. Daher waren die russischen Verluste an Menschen und Waffen ab Kriegsbeginn katastrophal. Versuche, mithilfe von Spezialkommandos per Hubschrauber nach Kiew zu gelangen und dort die Regierungs- und Armeezentralen zu neutralisieren, scheiterten kläglich.

Lediglich die Raketen und Bombenattacken auf Kiew und andere Städte erzielten Wirkung – aber nicht die gewünschte. Die Zivilbevölkerung wurde terrorisiert, doch ihre Moral blieb ungebrochen. Um Kiew einzuschüchtern und seine westlichen Verbündeten, speziell Warschau und die baltischen Staaten, von einer Fortsetzung ihrer Unterstützungsmaßnahmen oder gar einem Eingreifen abzuschrecken, drohte Putin mit dem Einsatz taktischer Nuklearwaffen. Dieses politische Hasardspiel war auch Xi Jinping zu riskant. Der Chinese gab dem „nie dagewesenen“ Verbündeten zu verstehen, er solle die atomare Erpressung unterlassen. Putin blieb nichts übrig, als zu folgen – zumal sich weder Kiew noch seine Unterstützer in den USA und Europa von den atomaren Kampfansagen Moskaus beeindrucken ließen. Die USA intensivierten vielmehr den Export ihrer Waffen. Deutschland begann zögernd, doch von der Dynamik des Krieges getrieben, altes, aber bald auch modernes Rüstungsmaterial an Kiew zu liefern, das sich als den russischen Waffen überlegen erwies.

In dieser Situation hätte der jüngere, nüchtern analysierende Putin eingesehen, dass seine Kriegsrechnung nicht aufging und es daher die beste Option für ihn war, die Schuld anderen zuzuweisen. Doch der „Woschd“ war altersstarrsinnig geworden. Er nahm unwägbare Risiken in Kauf. Er befahl seiner Armee, ihre Offensive, koste es, was es wolle, mit aller Kraft fortzusetzen. Das Militär tat wie geheißen und besetzte die lange umkämpften Provinzen Donbas und Luhansk. Der Präsident ließ die Gebiete, begleitet von einer grandiosen Propagandashow, annektieren. Der Preis der unbeschränkten Offensiven war die vollständige Erschöpfung der Truppen. Die Verluste unter den gut ausgebildeten, erfahrenen Soldaten, aber auch bei Waffen waren derart hoch, dass die russischen Angriffe zum Stehen kamen. Bald musste das russische Heer unter den Angriffen der aus den NATO-Ländern armierten ukrainischen Truppen eroberte Gebiete preisgeben. Zudem verweigerte Peking auf Druck Washingtons und im eigenen Interesse Waffenlieferungen an Moskau. Drohnen aus Iran sowie Munition aus Nordkorea und Ägypten sind kein ausreichender Ersatz. An der Front muss Putin sich bemühen, die Krim im russischen Machtbereich zu halten – um zumindest eine bleibende Kriegstrophäe vorweisen zu können. In Russland nimmt die Unterstützung des Präsidenten ab. Familien fürchten, dass ihre jüngeren Verwandten eingezogen und an der Front verheizt werden. Menschen, die es sich leisten können, verlassen das Land. Die Lage der Kampftruppen ist verzweifelt.

Ein Indikator für den desaströsen Zustand der russischen Armee und die nachlassende Autorität des Diktators war die Rebellion der Söldnertruppe Wagner unter ihrem Anführer Jewgeni Prigoschin im Juni 2023. Immer dringlicher hatte Putins einstiger Mundschenk beim Diktator und bei Verteidigungsminister Sergei Schoigu die ausreichende Versorgung mit brauchbarem Kriegsgerät gefordert. Als die Appelle folgenlos blieben, probte Prigoschin den Aufstand. Er brauste mit seinen Einheiten in zwei Tagen 700 Kilometer Richtung Moskau. Niemand stellte sich den Aufrührern in den Weg. Die Panzer und Lkw der Prigoschin-Truppe konnten ohne Schwierigkeit betankt werden. Das war ohne fremde Hilfe unmöglich. Zunächst beschimpfte Putin die „Verräter“. Schließlich sah er sich gezwungen, Prigoschin und seinen Kämpfern Straffreiheit sowie einen Abzug nach Weißrussland zu seinem Lakaien Lukaschenko zu gewähren. Prigoschin und sein Militärchef Dmitri Utkin ließen sich auf das Angebot ein und beendeten ihre Rebellion. Sich auf Putins Zusage zu verlassen, kostete sie ihr Leben. Nach zwei Monaten starben beide bei einem Flugzeugabsturz. Der „Woschd“ duldet keinen Ungehorsam. Wer ihn dennoch wagt, wird beseitigt.

Putin lässt weiterkämpfen. Doch es wird ihm schwerfallen, eine gesichtswahrende politische Lösung des Krieges zu erzielen. Sein „sehr guter Freund“ Xi hat Putin ein Jahr nach Kriegsbeginn in Moskau besucht und ihn seiner „beispiellosen“ Solidarität versichert. Die Präsidenten der BRICS-Staaten Brasilien und Südafrika besuchten ebenfalls Moskau, Indiens Premier Narendra Modi wirbt um Verständnis für Russland. Doch seinen Nimbus als unbestrittener Führer und Feldherr des Vaterlands wiederzuerlangen, wird Putin nicht mehr gelingen. Mitläufer sehnen sich nach strahlenden Siegern – nicht nach alten, verbrauchten Verlierern. Vladimir Putin hat in der Ukraine einen Brand zu viel gestiftet. Seither ist er ein *dead man walking*.

Allein die erneute Wahl von Donald Trump, ein politischer Brandstifter wie Putin, mag dem Kremlherrscher helfen. Zwar ist Trump, anders als sein russischer Geistesverwandter, ein amerikanischer Isolationist, doch die Grundhaltung, unter allen Umständen eine Verstrickung in ein außenpolitisches Abenteuer zu vermeiden, würde Washington zu einer Rücknahme seiner militärischen Unterstützung für die Ukraine veranlassen. Das könnte Putin Luft verschaffen, ihn unter Umständen reizen, die Ukraine vollständig zu unterwerfen. Dies würde wiederum die Europäer in eine Zwangslage bringen: entweder ihr militärisches Engagement stark zu vergrößern oder eine russische Dominanz hinzunehmen, das heißt, sich in eine Abhängigkeit vom entlarvten Brandstifter Putin zu begeben. Er sollte sich nicht dauerhaft auf die Kapitulation der europäischen Demokraten verlassen.

Xi Jinping

Chinas Staats- und Parteichef Xi Jinping bedient sich ebenso wie einst Putin der kontrollierten Brandstiftung. Das langfristig expansive Vorgehen, das vorsichtige Taktieren, das Bedürfnis nach vollständiger Kontrolle ist das Ergebnis seiner Biografie unter disruptiven politischen Umständen. Das macht ihn als Brandstifter aufgrund seiner enormen Macht nicht weniger gefährlich.

Der Politiker wuchs als Prinzling auf. Als Sohn des stellvertretenden Regierungschefs und Provinzgouverneurs Xi Zhongxun erfuhr er als Kind die Privilegien des Sprösslings einer Nomenklaturafamilie. Diese Bevorzugung schlug während der Kulturrevolution 1966 jäh in ihr Gegenteil um. Dem abgehalfterten Parteivorsitzenden Mao Zedong gelang es mithilfe seiner Frau, ihm ergebener Funktionäre und jugendlicher Roten Garden, das Parteiestablishment, darunter Xi Zhongxun, aus ihren Machtpositionen zu entfernen. Die Grausamkeit der Roten Garden war grenzenlos. Der chinesische Historiker Han Hecheng schildert das Sprengen zusammengebundener Gefangener: „Die Opfer wurden als selbstgebaute Flugzeuge verhöhnt." Die Zahl der Ermordeten wird auf mehrere Millionen Menschen geschätzt. Der junge Xi Jinping floh vor den Roten Garden in das Dorf Liangjihe in der Provinz Shanxi, wo er sich über Jahre als Landarbeiter durchbrachte. Er hauste in Erdhöhlen, sein Vater verbrachte Jahre im Gefängnis, seine Schwester beging Selbstmord. Doch nach Maos Tod 1976 stellten die alten Parteikader unter Führung Deng Xiaopings wieder die gewohnte Herrschaft in der Kommunistischen Partei Chinas (KPCh) her. Deng ordnete eine Liberalisierung der Wirtschaft an. Die Investitionsbereiten sollten sich bereichern und auf diese Weise die Volkswirtschaft fördern. Doch die politische Diktatur der KPCh musste unter allen Umständen aufrechterhalten werden. Als die aufkeimende Demokratiebewegung mehr Freiheit forderte, riss die Parteiführung das aufkeimende Pflänzchen aus. Tiefpunkt war das Massaker auf dem Platz des Himmlischen Friedens am 4. Juni 1989. Dabei wurden Tausende Unbewaffnete von Soldaten misshandelt, totgeschossen und von Panzern überrollt. Xi Jinping befürwortete die rigorose Handlungsweise der KPCh und absolvierte am Ende seiner Ausbildung ein Studium der marxistischen Philosophie, das er mit einem Doktorat über Politik, Recht und revolutionäre Geschichte abschloss. Seine wichtigste Erkenntnis war die Notwendigkeit der vollständigen Herrschaft der KPCh, nicht nur über das Verhalten der Kader in der Gegenwart, sondern auch über die Interpretation des Geschehens in der Vergangenheit – und damit das Denken der Menschen.

Mit dem erworbenen Wissen fühlte sich Xi gerüstet, in den Dienst der Partei zu treten. Als ihr Sachwalter erklomm er hurtig die Karriereleiter. Innerhalb weniger Jahre wurde er Provinzgouverneur. Da er sich im Sinne der Partei bewährt hatte, ernannte ihn die KPCh 2007 zum Parteichef der Wirtschaftsmetropole Schanghai. Xi nutzte diese Position zu einem atemberaubenden Aufstieg. Binnen Jahresfrist wurde er in den ständigen Ausschuss des Politbüros, des „Herzens und Hirns" der KPCh, berufen.

Der einstige Prinzling verstand es auch hier, im Rekordtempo aufzusteigen. 2013 war Xi bereits Generalsekretär der Partei, Staatspräsident und Leiter der zentralen Militärkommission, also de facto Oberbefehlshaber der Armee. Der Multifunktionär dirigierte seither China. Die Gesamtverantwortung für die Gesellschaft, die Wirtschaft, die Außenbeziehungen und Verteidigung seines Landes mit einer 1,4-Milliarden-Bevölkerung bewirkten bei Xi eine permanente Anpassung seiner politischen Strategie.

Die traumatische Erfahrung der Kulturrevolution für seine Familie und das gesamte Land machte für Xi eine berechenbare KPCh in allen Bereichen von Politik, Gesellschaft und Wirtschaft unabdingbar. Er gewann als diktatorisch bestimmender Partei- und Staatschef wie die meisten Männer in einer entsprechenden Position schnell die Überzeugung, dass allein er fähig sei, die Gesamtsituation zu begreifen und durch seine politischen Maßnahmen zu bewältigen. Die zunehmende ökonomische, politische und militärische Potenz der Volksrepublik darf nach seinem Verständnis nicht in der Defensive verharren. Der KPCh-Chef ist chinesischer Nationalleninist. Die Gründung der Volksrepublik im Jahre 1949 ist für ihn der Anfang eines historischen Befreiungsprozesses. Peking hat unter kommunistischer Führung seine traditionelle Rolle als Reich der Mitte, als dominante Macht in Südostasien, aber auch weltweit wahrzunehmen, seine Interessen offensiv zu vertreten, um seine historische Mission zu erfüllen.

Die Stellung Chinas als führendes kommunistisches Land wähnen Xi und die Parteiführung durch oppositionelle innerstaatliche Kräfte und konkurrierende auswärtige Mächte ständig gefährdet. Weltweit agierende chinesische Großunternehmen wie Alibaba, Tencent, Evergrande versuchten sich dem Einfluss der KPCh zu entziehen – doch sobald ihre Geschäfte in Schieflage gerieten, forderten sie staatliche Hilfe ein. Dies trifft vor allem auf dem Immobiliensektor zu, der sich entgegen der kommunistischen Ideologie nach marktwirtschaftlichen Gesetzen entwickelt. Unter Xis unfehlbarer Führung war die Partei nicht länger bereit, Konzerne mit Staatsgeldern zu stützen, die durch ihre kapitalistische Gier um ihre Existenz kämpften. Das ist der Grund, dass der Staat zunächst in Hongkong Evergrande in den Bankrott rutschen ließ, damit das Gesamtunternehmen von der Partei abhängig ist.

In den von Moslems bewohnten nordwestlichen Provinzen orientierten sich immer mehr Menschen am Islam, dadurch verloren marxistische Werte für sie an Bedeutung. Die Kontrolle der KPCh ging zurück. In Hongkong, das die Briten von China geraubt und bis 1997 als Kronkolonie regiert hatten, ehe sie es als Sonderverwaltungszone wieder Peking überließen, gewann danach die Demokratiebewegung zunehmend Anhänger. Sie forderte Menschen- und Freiheitsrechte wie in kapitalistischen Staaten ein.

Xi war entschlossen, die Partei als Quelle des ideologischen Fortschritts und Instrument zur Bekämpfung aller einzusetzen, die er als Partei- und damit als Volksfeinde ansah. So wandelte sich der selbsterklärte Feuerwehrmann des Marxismus-Leninismus-Maoismus zum Brandstifter einer Gesellschaft, deren Bürger neben Wohlstand auch mehr Freiheit begehren.

Um den Einfluss der Freiheitsbewegung Hongkongs zu bekämpfen, vor allem um ein Übergreifen der demokratischen Ideen auf das übrige China zu verhindern, was zwangsläufig das Macht- und Entscheidungsmonopol der Partei gefährdet hätte, sahen sich Xi und die KPCh-Spitze gezwungen, rigorose Sicherheitsgesetze zu verabschieden und deren Anwendung durch Polizeikräfte erzwingen zu lassen. Denn im Bewusstsein Xis ist gegenwärtig nur er als überragender Führer in der Lage, sich der Feinde Chinas und seiner kommunistischen Vorhut zu erwehren. Der KPCh-Chef, aber auch Millionen Chinesen jenseits der Partei teilen dieses paranoide Weltbild.

Xi ist der Prototyp eines Gewaltherrschers, der sich als omnipotenter Beschützer der Interessen seines Landes versteht. Er benutzt alle seiner Politik widersprechenden Personen, Gruppen, Haltungen, Handlungen und Staaten als Alibi zur Stärkung der eigenen Machtposition. Das gilt für innerstaatliche Angelegenheiten Chinas, zu dem gemäß Pekings Verständnis auch Taiwan gehört. In den Außenbeziehungen nimmt Xi *vorläufig* die Position des formalen Abwartens ein, was unter anderem eine politische Unterstützung der russischen Aggression bedeutet. Doch die Haltung Xis gegenüber Moskau ist taktischer Natur. Sie hat sich den globalen Ambitionen Pekings unterzuordnen, die seit alters gleich bleiben: die unangefochtene Führung des Erdkreises.

Als Vladimir Putin Anfang Februar 2022 Peking besuchte, um Präsident Xi von seinem vorstehenden Angriffskrieg gegen die Ukraine zu unterrichten, sagte ihm der Chinese politische Rückendeckung zu. Xi Jinping rechnete damit, Moskaus Invasion werde den Westen schwächen und dieser so Chinas Forderung nach einer Wiedervereinigung mit Taiwan hinnehmen. Doch Xis Solidarität mit Putin erwies sich aufgrund der ungenügenden Potenz der russischen Armee und der zunächst herrschenden internationalen Ablehnung, auf die Peking Rücksicht nahm, als falsch. Die NATO drängte Moskau in einen verheerenden Abnutzungskrieg. Peking profitiert lediglich von den verbilligten Energielieferungen Russlands. Xi ist ungehalten, dass der misslungene russische Angriffskrieg China anfangs in die politische Defensive gedrängt hat. Das stärkt Washingtons Position als Unterstützer Taiwans. Peking kann vorläufig lediglich versuchen, die Insel gewaltsam mit dem Festland zu vereinigen. Der überragende Führer muss zwischen zwei ungünstigen Alternativen wählen. Entweder Peking belässt es bei politischen und militärischen Drohungen, oder es wagt eine Invasion der Insel. Da die Streitkräfte der Volksrepublik objektiv noch nicht stark genug sind, Taiwan durch eine schnelle Invasion einzunehmen, zumal wenn die USA aufseiten Taipehs mit konventionellen Rüstungsgütern eingreifen, Washington eventuell selbst mit dem Einsatz atomarer Waffen drohen würde, müsste der überragende Führer eine militärische Blamage hinnehmen, was mit einem Ansehensverlust im Reich der Mitte wie global verbunden wäre. Xi Jinping würde für das Unterliegen von Chinas Streitkräften verantwortlich gemacht werden. Seine Machtposition wäre zumindest gefährdet – wie er dies bei seinem Freund Putin beobachten kann. Um dies zu vermeiden, hat sich Peking für die Taktik der fortwährenden Einschüchterung entschieden. In KPCh-Sprech lautet sie: „Ernste Warnungen wegen der provokativen Aktivitäten der separatistischen Unabhängigkeitskräfte in Taiwan.“ Die Propaganda wird von aggressiven Militärmanövern begleitet. Doch das politisch-militärische Säbelrasseln macht in Taipeh und Washington wenig Eindruck. Anfang des Jahres 2024 wählten die Bewohner der Insel Lai Ching-te zu ihrem Präsidenten. Er vertritt ebenso wie seine Demokratische Fortschrittspartei eine Politik der Unabhängigkeit vom Festland.

Um den Druck zu erhöhen, lässt Xi die Kampfkraft der Volksbefreiungsarmee fortwährend aufstocken – Pekings Kriegsmarine ist nominal die weltgrößte. Aber Aufrüstung ist ein überaus teures Unterfangen. Denn für den sozialistisch überpinselten chinesischen Kapitalismus gelten die gleichen Gesetze wie für die unverstellte Marktwirtschaft: „It's the economy, stupid!“ Auf der wirtschaftlichen Ebene hat der überragende Führer versagt. Er stellte alle Berater, Funktionäre und Militärs, die sich ein Mindestmaß an Unabhängigkeit und Expertise bewahrt hatten, kalt und traf sämtliche strategischen Entscheidungen nach eigenem Gutdünken. Das erwies sich während und in der Folge der Coronapandemie als fatal. Zunächst versuchten die Behörden auf Anweisungen der politischen Führung, also Xis, alle Meldungen über den Ausbruch der neuen Infektionskrankheit in Wuhan zu unterdrücken. Als die Epidemie sich rasend schnell ausbreitete, ordnete der Führer die vollständige Isolation ganzer Städte und Provinzen an. Dadurch kam die Volkswirtschaft in einer Reihe chinesischer Provinzen zum Erliegen. Die Involvierung Pekings in die globalen Handelsströme führte weltweit zur Unterbrechung von Lieferketten und in der Folge zum teilweisen Rückzug ausländischer Unternehmen aus der Volksrepublik. Der Versuch, durch ein in China entwickeltes Impfserum Autarkie zu demonstrieren, misslang. Dennoch lehnte Peking den kostenlosen Import bewährter westlicher Vakzine ab. Als der Diktator die katastrophalen Folgen seiner Isolationspolitik endlich einsehen musste, ordnete er ohne Vorwarnung die Aufhebung aller Vorsichtsmaßnahmen an. Die psychischen Schäden von Millionen sowie die gravierenden Einbußen der chinesischen Ökonomie freilich ließen sich nicht per Politbüro-Ukas beseitigen.

Hinzu kamen hausgemachte Probleme durch den fehlgeschlagenen Versuch der Partei, kapitalistisch funktionierende Konzerne des Landes umfassend zu kontrollieren. Die politische Zwangsjacke beraubte Firmen und ihre dynamischen Lenker, soweit diese nicht auf Anweisung der Partei ausgeschaltet worden waren, der notwendigen Flexibilität. Noch Jahre später erlitt die Volkswirtschaft durch den Kontrollzwang und die Beratungsresistenz des Diktators während der Pandemie Milliardenverluste und hat weiterhin mit den Folgen zu kämpfen. Vor der Seuche wuchs die chinesische Volkswirtschaft zuletzt um sechs Prozent, die der USA nur um drei Prozent. Die Zahlen haben sich verkehrt.

Die rückläufige Kraft der chinesischen Volkswirtschaft spiegelt sich an der Börse. Chinas Aktienmärkte stürzen selbst nach dem Ende der Coronapandemie fortwährend ab. In den vergangenen drei Jahren bis Anfang 2024 zogen ausländische Investoren 6,3 Billionen (!) US-Dollar aus der Volksrepublik ab. Dieses Kapital war bislang der Treibstoff des chinesischen Booms. Der Rückfall lässt sich durch Einschüchterungsversuche gegen Taiwan und Machtdemonstrationen im Südchinesischen Meer nicht ungeschehen machen.

Xi Jinping hat die fehlgeleitete Isolationspolitik zwischenzeitlich korrigiert. Peking agiert wieder aktiv in anderen Regionen, etwa im Nahen Osten, wo man eine Annäherung zwischen den Erzfeinden Saudi-Arabien und Iran initiierte. Auf diese Weise nimmt Chinas Ansehen wieder zu, und die Energieversorgung des Reichs der Mitte verbessert sich. Doch nichts deutet darauf hin, dass Xi Jinping von seiner Überzeugung, unfehlbar zu sein, ablässt. Der Generalsekretär begreift sich als Chinas Steuermann, der alle Entwicklungen, die gegen sein Weltbild oder gar gegen seine Person gerichtet sein könnten, auszuschalten weiß. An willigen Helfern mangelt es Xi unter den 98 Millionen Mitgliedern der KPCh nicht.

Die Überzeugung, die richtige Weltanschauung als Einziger authentisch zu vertreten, verbunden mit der unumschränkten Herrschaft über die größte Armee, die zweitmächtigste Volkswirtschaft sowie über eine Milliardenbevölkerung ohne jegliche demokratische Kontrolle, machen Xi Jinping zu einer latenten Gefahr für die eigenen Landsleute sowie für den Weltfrieden.

Anders als Putin will sich Xi nicht mit einem begrenzten Machtzuwachs begnügen. Er strebt darüber hinaus auch die Kontrolle über die ideologische Einordnung der Ereignisse an. Doch dies kann ihm in einer multipolaren Welt nicht gelingen. Der Widerstand der Ukraine und ihrer Verbündeten hat Xi gezeigt, dass gegenwärtig nicht der richtige Zeitpunkt für eine gewaltsame Offensive ist, die perspektivisch weit über Taiwan hinausgeht. Xi Jinping hat von früher Jugend auf lernen müssen zuzuwarten. Die freie Welt sollte dennoch nicht verdrängen, dass der chinesische Brandstifter jederzeit bereit ist, Feuer zu legen.

Erdoğan

Recep Tayyip Erdoğan hatte als „schwarzer Türke“ kaum Aussicht, zum fast unumschränkten Herrscher seines Landes aufzusteigen. Der Sohn eines mittellosen Ehepaares aus Istanbuls Armeleuteviertel Kasimpaşa stand außerhalb der tonangebenden kemalistischen Elite, die Gesellschaft, Politik und Armee umfassend kontrollierte.

Die moderne Türkei ist eine Schöpfung Mustafa Kemals. Atatürk, Vater der Türkei, so sein Ehrenname, proklamierte die Republik und liquidierte das marode Osmanische Reich. Der Feldherr und erste Präsident genießt noch heute einen famosen Ruf in der Türkei. Der General bezwang Anfang der 1920er Jahre eine griechische Invasionsarmee in Anatolien und verhinderte so die Auflösung des Landes. Am 29. Oktober 1923 proklamierte Atatürk in Ankara die moderne unabhängige Türkei. Das Kalifat wurde abgeschafft, Religion aus dem öffentlichen Leben und der Politik verbannt. Denn Kemal machte die Religion für den Niedergang des Landes verantwortlich; er wollte den Islam auf dem Müllhaufen der Geschichte entsorgen. Die arabische Schrift wurde durch die lateinische ersetzt, der Fez abgeschafft. Frauen erhielten zumindest de jure die gleichen Rechte wie Männer. Atatürk erlaubte weder die Bildung unabhängiger Parteien noch Wahlen. Er begnügte sich damit, die Republikanische Volkspartei CHP zu etablieren.

Nach Atatürks Tod 1938 wurde General Mustafa İsmet İnönü Präsident. Die Armee wachte über die Einhaltung des laizistisch-nationalen Kemalismus. Dessen Motto hatte Atatürk vorgegeben: „Glücklich ist derjenige, der sagt: Ich bin Türke."

1947 legitimierte İnönü oppositionelle Kräfte. Drei Jahre später gewann die Demokratische Partei von Adnan Menderes die Parlamentswahlen. İnönü ernannte ihn zum Premierminister und trat als Staatspräsident zurück. Es war eine politische Wende. Denn das Wahlergebnis der Demokrat Parti (DP) zeigte, dass die knapp 30 Jahre währende Herrschaft der Kemalisten nicht vermocht hatte, die Türken westlich zu orientieren. Die gesellschaftliche Spaltung des Landes blieb bestehen. Teile des Bürgertums in Istanbul, Ankara und Izmir, vor allem das Offizierskorps, hatten sich am Kemalismus orientiert und davon profitiert. Doch das Gros der Landbevölkerung Anatoliens, die ärmeren Schichten in den Städten wie die Familie Erdoğan blieben vom sozialen Aufbruch weitgehend ausgeschlossen. Der Islam war Mittelpunkt ihrer Orientierung. 500 Jahre religiöse Prägung ließen sich nicht durch eine wenige Jahrzehnte währende Offiziersherrschaft, die den Menschen westliche Ideen oktroyieren wollte und dabei den praktizierten islamischen Glauben verächtlich machte, auslöschen. Menderes und seine Partei forderten eine Rückkehr zur Religion. Der Ministerpräsident versprach, die Lebensbedingungen der kleinen Leute in Land und Stadt zu verbessern. Das kemalistisch geprägte Offizierskorps wachte mit Argusaugen darüber, dass die neue Regierung die Prinzipien des Staatsgründers beachtete. Durch die Teilnahme der Türkei am Koreakrieg an der Seite der USA und den Beitritt zur NATO unterstrich Menderes die westliche Orientierung des Landes und beschwichtigte die Militärs. Die Muezzins riefen die Gläubigen wieder auf Arabisch zum Gebet. Die Religionsschulen wurden erneut ausgebaut, das Studium des Islam wurde wieder vom Staat gefördert. Die Wirtschaftspolitik berücksichtigte die Interessen der zumeist geringverdienenden Wähler und der Basaris.

Recep Tayyip kam 1954 zur Welt, sein Vater Ahmet wählte Menderes' Demokraten. Er erzog seine fünf Kinder, speziell die vier Jungen, mit harter Hand zum Glauben und zum unbedingten Gehorsam ihm gegenüber. Ahmet war jähzornig, er bestrafte seine Söhne streng. Wenn der Vater wütete, versuchte Recep Tayyip ihn zu beschwichtigen, indem er dessen Schuhe küsste. Ein Foto aus den Tagen seiner Kindheit zeigt einen verängstigten Jungen.

1960, im Jahr der Einschulung Recep Tayyips, steckte die Wirtschaft in der Krise, Staatsverschuldung und Inflation stiegen fortwährend. Religiöse Kräfte gewannen Einfluss. In Istanbul kam es zu einem Pogrom an Griechen. Das schadete dem Ansehen der Türkei im Westen. Die Armee verlor die Geduld und putschte. Generalstabschef Cemal Gürsel trat an die Spitze des Staates. Ministerpräsident Menderes und seine Mitarbeiter wurden festgenommen. Menderes, Staatspräsident Celâl Bayar und zwölf weitere Angeklagte wurden wegen Verfassungsbruchs und Anstiftung zu Ausschreitungen zum Tode verurteilt. Menderes wurde hingerichtet. Präsident Gürsel beauftragte İsmet İnönü mit der Führung der Regierung.

Nach der Grundschule besuchte Recep Tayyip eine Imam-Hatip-Religionsschule. Hier tat er sich durch seine Frömmigkeit und außergewöhnlichen Lerneifer hervor. Seine Klassenkameraden nannten ihn „Korannachtigall". Später fand der kräftige, groß gewachsene junge Mann Bestätigung als Fußballspieler. Ein Vollbart zeugte von seiner Frömmigkeit, seinem erwachenden männlichen Stolz und seinem Selbstbewusstsein. Der Teenager Erdoğan demonstrierte so, dass er Islam und Kicken miteinander zu verbinden verstand. Da er Recep Tayyip als klugen Jungen mit Ehrgeiz und Überzeugungskraft schätzte, ließ ihm sein Mentor Necmettin Erbakan die sportliche Sünde durchgehen. Erdoğan begeisterte sich für die Ideen Erbakans. Der in Deutschland promovierte Maschinenbauingenieur war ein pragmatischer Schriftgelehrter, der die Gebote des Islam in der Politik energisch durchzusetzen suchte. Seine Ideen hatte Erbakan in dem Buch „Millî Görüş“, die „Nationale Sicht“, entwickelt. Diesen Namen gab er auch seiner islamistischen Bewegung. Wie viele begeisterte sich Recep für einen modernen Gottesstaat, der die Türkei mithilfe des Islam erretten sollte. Dies wurde von der kemalistischen Führung als Herausforderung aufgefasst. Konsequent erfolgte 1971, ein Jahr nach der Gründung von Millî Görüş, deren Verbot. Unverdrossen gründete Erbakan die Nationale Heilspartei und nach deren Abschaffung die Wohlfahrts- und schließlich die Tugendpartei. Das Ziel blieb unverrückbar die islamische Theokratie, deren Führung Erbakan für sich beanspruchte.

Erdoğan folgte seinem Meister durch alle politischen Häutungen als loyaler Helfer. Mit fortschreitender Zeitdauer aber beobachtete der aufgeweckte Propagandist Erdoğan die zunehmende Halsstarrigkeit seines Mentors. Die mangelnde taktische Flexibilität Erbakans bot seinen kemalistischen Feinden stets neue Angriffspunkte, um ihn und damit seine Gefolgschaft auszuschalten. Selbst als Erbakan es 1996 endlich ins Amt des Ministerpräsidenten geschafft hatte, zwang ihn die Armeeführung nach nur einem Jahr zum Rücktritt. Denn der alternde Ingenieur begriff Politik als technisches Problem, das einer optimalen mechanischen Lösung bedürfe. Recep Tayyip dagegen hatte, abgesehen von einer religiösen Schulung und Fußball, nie etwas anderes gelebt als Politik. Daher wusste er, dass neben dem politischen Inhalt auch Einfühlungsvermögen und taktische Raffinesse unentbehrlich waren. Nur so ließen sich die angestrebten machtpolitischen Ziele verwirklichen. Es genügte nicht, wie Erbakan den reinen Islam zu verkünden und ihn mit einer „nationalen Sicht" zu verknüpfen. Die Kemalisten bestanden auf Laizismus und einem türkischen Patriotismus, der von den meisten Landsleuten geteilt wurde. Um an die Spitze zu gelangen und sich dort zu halten, musste man sich mit der Staatsführung arrangieren und gleichzeitig die Masse der gläubigen Türken für sich gewinnen.

Die Kommunalwahlen im Frühjahr 1994 boten dem aufsteigenden islamistischen Politstar die Gelegenheit, die Wirkung seines geschmeidigen Kurses zu erproben. Erdoğan war entschlossen, sich um das Amt des Stadtoberhaupts Istanbuls zu bewerben. Er vermied grundsätzliche Aussagen über das Verhältnis von Religion und Staat. Die Gläubigen wussten ohnehin, dass er ihre religiösen Werte teilte, den kemalistischen Widersachern aber wollte der aufstrebende Politiker kein unnötiges Alibi bieten. Stattdessen konzentrierte er sich auf die Themen, die fast allen Bürgern, vor allem den Ärmeren, unter den Nägeln brannten: fehlende Sicherheit, allgegenwärtige Korruption und Verschmutzung. Seine „sauberen Werte" dagegen verliehen dem Islamisten Glaubwürdigkeit, die er mit seinem demagogischen Talent vertiefte. Zumal der scheidende Bürgermeister aufgrund einer Korruptionsaffäre weichen musste. Am Ende genügte Erdoğan ein Viertel der Stimmen, um die Wahlen knapp zu gewinnen. Damit gelang der Wohlfahrtspartei ihr bislang größter Wahlerfolg. Der Triumph verschaffte Erdoğan bei jüngeren Parteifunktionären und Wählern eine unangreifbare Position.

Erdoğan erfüllte die in ihn gesetzten Erwartungen. Die vom neuen Bürgermeister gelenkte Stadtverwaltung war weniger korrupt als bislang – und arbeitete effizient. Der Unrat verschwand aus der Stadt. Die Infrastruktur für Wasser, Strom, Müllabfuhr funktionierte zunehmend, die Kriminalität wurde wirksam bekämpft. Die Istanbuler fühlten sich sicherer und besser versorgt. Dass der fromme Bürgermeister gemäß dem Gebot des Korans den Alkoholkonsum in städtischen Lokalen untersagte und Badebereiche und Schulbusse nach Geschlechtern trennen wollte, nahmen viele ebenso hin wie das Kopftuch seine Frau Emine. Der Erfolg in seinem neuen Amt und seine zunehmende Beliebtheit steigerten Erdoğans Selbstgefühl so sehr, dass er die eigenen Vorsichtsregeln vernachlässigte. Öffentlich betonte der Bürgermeister, Laizismus und Islam seien unvereinbar. Er bekannte sich zur Scharia und nannte Demokratie ein Mittel, nicht einen Zweck.

Je deutlicher Erdoğan die Wahrheit sagte, desto mehr provozierte er seine kemalistischen Feinde. Armee, Politik und Justiz sahen sich durch die unverhüllte Rivalität Erdoğans zunehmend herausgefordert. Die Justiz lauerte auf Zeugnisse Erdoğans, die gegen ihn verwendet werden konnten. Ende 1997 zitierte Erdoğan einen Vers des Nationaldichters Ziya Gökalp: *Minarette sind Bajonette, Kuppeln Helme, Moscheen sind unsere Kasernen, Gläubige unsere Soldaten.* Zudem merkte er an, die Demokratie gleiche einem Zug. Wenn das Ziel erreicht sei – also der islamische Staat mit der Scharia als Gesetzeswerk –, solle man das demokratische Gefährt verlassen. Damit war für die Justiz die rote Linie überschritten. Die Reaktion ließ nicht lange auf sich warten. Im Januar 1998 verbot das Verfassungsgericht die Wohlfahrtspartei, da sie die Prinzipien der Verfassung verletzt habe.

Wenige Monate später verurteilte das Staatssicherheitsgericht Erdoğan wegen Volksverhetzung zu zehn Monaten Haft und einer Geldbuße. Schlimmer wog für den Politiker das Verbot, zukünftig ein Abgeordnetenmandat wahrzunehmen oder eine Partei zu etablieren. Erdoğan galt politisch als erledigt.

Im Frühjahr 1999 musste Erdoğan seine Gefängnisstrafe antreten. Er nutzte seine viermonatige Haftstrafe, um den passenden Weg zur Macht zu ersinnen, wo er die Umwertung aller Werte bewerkstelligen wollte. Er kam zu dem Schluss, dass die staatliche Elite noch zu fest im Sattel saß, um sie frontal anzugehen. Daher sei eine zumindest zeitweise formal gesetzeskonforme Haltung unumgänglich, um seinen mächtigen Feinden keinen Vorwand zu bieten. Das entscheidende Hindernis zwischen Erdoğan und der politischen Macht war der unbelehrbare Erbakan. Als Moslem und autoritär erzogener Sohn kam für Recep Tayyip ein Vatermord nicht infrage.

Unmittelbar nach der Verbüßung seiner Gefängnisstrafe initiierte Erdoğan trotz politischen Betätigungsverbots die Gründung einer eigenen Partei, der Gerechtigkeits- und Entwicklungspartei AKP. Erdoğans Vertraute Abdullah Gül und Bülent Arınç übernahmen den Vorsitz. Erdoğan versicherte sich der Unterstützung des einflussreichen Hizmet Bildungs- und Mediennetzwerks von Fethullah Gülen. Weniger als ein Jahr später gelang der AKP bei den vorgezogenen Wahlen zum nationalen Parlament ein Triumph. Mit 34 Prozent errang sie die absolute Mehrheit der Sitze. Aufgrund seiner Strafe hatte Erdoğan nicht kandidieren dürfen. Doch seine Autorität in der Partei war dermaßen groß, dass Abdullah Gül sich von der Abgeordnetenkammer lediglich als Platzhalter zum Ministerpräsidenten wählen ließ, um im Parlament trotz Warnungen der Armeespitze eine Ergänzung der

Verfassung durchzupauken, die eine Politiksperre für Verurteilte aufhob. Erdoğan kandidierte, obsiegte im Kreis Siirt und wurde am 12. März 2003 endlich von der Nationalversammlung zum Ministerpräsidenten gewählt.

Fortan bestimmte Erdoğan formal die Geschicke der Türkei. Der durch die Haft Gereifte verstand, dass er mit seiner Amtsübernahme noch keineswegs eine Carte blanche besaß, das Land nach seinen Vorstellungen umzumodeln. Die Kemalisten saßen an den Schalthebeln der Macht, obgleich sie vom Volk und auch nicht von der Armee dazu legitimiert worden waren. Erdoğan hegte keine Zweifel, dass die Militärs im Zusammenwirken mit der Justiz nicht zögern würden, ihn aus dem Amt zu jagen, wenn er einen Anlass dafür bieten würde. Zumal im Zusammenwirken mit der Justiz. Eine ähnliche Vorlage wie die Lesung des Gökalp-Gedichtes durfte er den Roben- und Uniformträgern nicht liefern.

Der neue Premier hatte eine Taktik ersonnen, mit deren Hilfe er die Kemalisten neutralisieren und die ihm zugleich bei der Entwicklung der volkswirtschaftlich darniederliegenden Türkei nützlich sein würde: die Hinwendung nach Europa. Erdoğan hielt, wie die meisten Islamisten, die Regierungen des Kontinents und die Europäische Union für einen „Christenklub“. Doch die europäische Karte konnte dem neuen Premier und seiner Partei als politische Lebensversicherung dienen und sich für die türkische Volkswirtschaft als Lokomotive erweisen. Die EU war ein kapitalistischer Verein Ungläubiger, firmierte jedoch als demokratische Werteunion. Dieser europäische Klub mit seinen Menschenrechten und seiner politischen Unterordnung der Streitkräfte kam Erdoğan momentan wie gerufen. Demokratie bedeutete die Ausschließlichkeit freier Wahlen, die Verwerfung gewaltsamer Umstürze sowie das Recht auf freie Meinungsäußerung. Wenn Ankara sich der EU anschloss oder zumindest von den Europäern als Beitrittskandidat akzeptiert würde, würde dies den machthungrigen kemalistischen Militärs, Richtern und Staatanwälten die Hände binden. Ehedem hatten die Europäer sich nicht an Umstürzen in der Türkei gestoßen. Hauptsache, das Land blieb dem Westen verbunden. Doch nunmehr gab der Christenverein vor, allein die Demokratie gutzuheißen. Brüssel würde die Beseitigung einer demokratischen Regierung nicht hinnehmen – selbst wenn die Putschisten ihre Verbundenheit mit dem Westen betonten. Daher unterstrich der neue Regierungschef seine demokratische Gesinnung und sein Bestreben, Mitglied der EU zu werden.

Erdoğan sorgte für die Abschaffung der Todesstrafe, weitete die Menschenrechte aus. Rundfunk- und TV-Programme in kurdischer Sprache wurden erstmals zugelassen. Er ließ die Wirtschaft von bürokratischen Fesseln befreien. Dies förderte Investitionen aus der EU, was der Entwicklung der türkischen Volkswirtschaft zugutekam. Der Ministerpräsident unterstützte zudem die wirtschaftliche Konsolidierung, indem er Haushaltseinsparungen vornehmen ließ. Auf diese Weise wurde die Inflation bekämpft. Parallel verbesserte der Staat die Infrastruktur. Die Maßnahmen führten zu einem sich verstetigenden Boom. Einerlei, ob Erdoğans Volkswirtschaftsdiplom redlich erworben war oder nicht, wie seine Opponenten behaupteten – wie man die Ökonomie belebte, verstand er. Auch indem er Vertrauen bei den türkischen Bürgern und den ausländischen Investoren, speziell in der EU, bewirkte. In Anatolien ließ sich Geld verdienen. Das zählte für Türken und Europäer gleichermaßen.

Recep Tayyip Erdoğan war jedoch nicht Politiker geworden, um sich als Verwalter auszuzeichnen. Er war an die Spitze gelangt, um das Land nach seinen Vorstellungen zu formen und einen Teil der Umwertungen Atatürks rückgängig zu machen. Erdoğan teilt den türkischen Nationalismus Mustafa Kemals. Doch anders als der laizistische Militär wollte er dem Islam und seinen Gesetzen eine führende Rolle einräumen – und seine Gegner ausschalten. Der Politiker war beim Antritt seines Amtes als Regierungschef keine 50 Jahre alt. Er besaß Geduld und Augenmaß. Einstweilen reiste er bequem im demokratischen Zug und passierte eine Station nach der anderen.

Die Liberalisierung von Politik und Wirtschaft entfesselte die Märkte. Im ersten Jahrzehnt seiner Herrschaft steigerte sich das Bruttoinlandsprodukt um das Zweieinhalbfache. Das einstige Entwicklungsland erreichte die Hälfte des OECD-Standards. Den Türken ging es unter Erdoğans Führung zunehmend gut. Sie verdienten wesentlich besser und genossen mehr politische Rechte. Sie lebten in einem stabilen Land. Die Staatverschuldung ging zurück. Das internationale Ansehen der Türkei nahm zu. Die Bürger sorgten mit ihrem Votum dafür, dass es so blieb. Bei seiner zweiten Wahl nach der Regierungsübername 2007 steigerte die AKP ihr Ergebnis auf 47 Prozent, vier Jahre später errang die Partei knapp die Hälfte der abgegebenen Stimmen.

Die Wahlresultate zeigten neben der hohen Zustimmung für den Regierungschef auch, dass die Türkei ein gespaltenes Land geblieben war. Die „schwarzen Türken" hatten Erdoğan an die Macht getragen. Er stand für eine zunehmende religiöse Orientierung des Landes. Die gläubigen Moslems verstanden, dass Erdoğan nicht von heute auf morgen die Scharia zum Grundgesetz machen konnte. Ansonsten würde die Armee putschen. Der europäische Klub würde eine Islamisierung des Landes als willkommenen Anlass nehmen, der Türkei die Tür vor der Nase zuzuschlagen.

Der dritte Wahlerfolg in Folge war ein Wendepunkt für Erdoğan. Der Premier beherrschte die Regierung, er leistete eine weithin anerkannte Politik, doch um der Türkei seinen Stempel aufzudrücken, meinte er, das bequeme Demokratie-Coupé verlassen und eine radikale Umgestaltung seines Landes in Angriff nehmen zu müssen – zumal Erdoğan bereits Anfang 60 war und sich gesundheitliche Verschleißerscheinungen bei ihm bemerkbar machten. Anders als Helmut Kohl oder George H. Bush, mit denen Erdoğan während seiner Amtszeit zu tun hatte, wollte sich der Istanbuler nicht damit zufriedengeben, als Reformer im Gedächtnis zu bleiben. Denn Erdoğan versteht sich als Revolutionär, ohne ein aktiver Umstürzler zu sein. Er hatte durch Geduld und Disziplin objektive Erfolge errungen. Doch um endlich seine revolutionären nationalistisch-islamistischen Ziele zu realisieren, musste er das politische System seines Landes radikal umgestalten. Er wollte als Präsident das Geschehen in seinem Land am wirkungsvollsten bestimmen können. Die laizistische Türkei sollte endlich zu „Erdoğanistan“ umgestaltet werden. Der Staatschef war überzeugt, nur auf diese Weise seine kemalistischen Feinde in Justiz und Armee entmachten zu können. Genuine Zerstörer scheren sich nicht um Konstitutionen, ihnen kommt es auf rasche radikale Wechsel an. Für legitimierte Systemwechsel haben sie keine Geduld. Erdoğan dagegen dachte strukturell.

Er besaß objektive Gründe für die von ihm vorangetriebene Umgestaltung. Die Volkswirtschaft, die dank der Liberalisierungsmaßnahmen des Ministerpräsidenten zunächst stark an Fahrt aufgenommen hatte, drohte in einen Stillstand zu verfallen. Der Ministerpräsident hielt das Tempo durch ein gewaltiges Infrastrukturprogramm hoch. Es wurde weitgehend durch Schulden finanziert. Die Volkswirtschaft stagnierte, denn die vom Premier betriebene Islamisierung beinhaltete eine Förderung der religiösen Iman-Hatip-Schulen. Dort lag der Fokus auf dem Koranstudium. Die von einer modernen Wirtschaft und Technik benötigten naturwissenschaftlichen Fächer und Sprachen dagegen wurden vernachlässigt – Erdoğan selbst beherrscht keine Fremdsprachen. Zudem fehlen dem Arbeitsmarkt jene religiös orientierten Frauen, die sich vorwiegend ihren Kindern und dem Haushalt widmen. Daher konnte die Türkei ihren demografischen Vorteil einer jungen Bevölkerungsstruktur zu wenig ausspielen. Hinzu kamen die Verschleißerscheinungen einer längeren Regierungszeit. Die Korruption, die Erdoğan einst bekämpft hatte, breitete sich aus. Selbst die Familie des Premiers war nun beteiligt. Die liberale Presse griff die Bestechungsfälle – auch die der Erdoğans – auf. Das erzürnte Erdoğan. Je länger er an der Regierungsspitze stand, desto ungehaltener reagierte er auf Kritik. Er war überzeugt, nur in einem Präsidialsystem über die notwendige Machtfülle zu gebieten, alle Hemmnisse, die seinen politischen Vorstellungen entgegenstanden, beseitigen zu können. Zu den althergebrachten kemalistischen Feinden und der Presse kamen Kurden, die seine ausgestreckte Hand zum Frieden ausschlugen und stattdessen den Krieg der PKK unterstützten. Selbst die Gülen-Bewegung, der Erdoğan erlaubt hatte, die AKP zu unterstützen, zeigte sich undankbar. Statt Treue gegen den Regierungschef zu zeigen, baute die autoritäre Organisation im Offizierskorps und vor allem in der Justiz Netzwerke aus, deren Loyalität allein ihrem Möchtegernkalifen Fethullah Gülen galten.

In den europäischen Ländern, speziell in Deutschland, aber auch in der EU-Zentrale Brüssel, reagierte man empfindlich auf das zunehmend autoritäre Gebaren des Ministerpräsidenten und die sich häufenden Berichte über Korruption. Der Türke argwöhnte nicht zu Unrecht, dass die Europäer nur nach einer Ausrede gesucht hatten, um Ankara von ihrer Runde auszuschließen. Außenpolitisch wollte Erdoğan sich und sein Land nicht länger von den Europäern täuschen und vorführen lassen. Die Türkei war gut genug, mit ihren Soldaten als südöstliches Bollwerk der NATO die Sicherheit der Europäer zu gewährleisten. Doch in Brüssel, wo die Politik der Gemeinschaft gemacht und die Gelder vergeben wurden, wollte man den islamischen Staat nicht dabeihaben.

Erdoğan verlor keine Zeit, seine Entscheidung umzusetzen. Zumal seine innenpolitischen Feinde immer dreister wurden. Ein breites Bündnis von Kommunisten, Sozialisten, Kemalisten, Liberalen, Umweltaktivisten und Journalisten hatte sich zusammengeschlossen, die Modernisierungspläne des Regierungschefs in Istanbul zu torpedieren. Er plante den weltweit größten Flughafen, die größte Brücke über die Meeresenge sowie ein Geschäftszentrum im Herzen der Stadt anstelle des „nutzlosen" Gezi-Parks. Die gewaltigen Infrastrukturmaßnahmen waren gemäß Erdoğans Logik zum stetigen Ausbau der türkischen Wirtschaft unerlässlich. Diese Hintergründe kannten die meisten Gegendemonstranten nicht. Ihnen ging es lediglich um den Erhalt einer der wenigen verbliebenen Grünanlagen Istanbuls. Das brutale Vorgehen der Polizei bei der Räumung des Parks löste in weiteren Städten Proteste aus, die monatelang anhielten. Mehrere Tausend Demonstranten wurden verletzt, sieben Menschen starben. Die Berichterstattung der unabhängigen Presse reizte Erdoğan. Er wähnte sich als Opfer einer Verschwörung seiner notorischen Feinde: Kemalisten, Europäer, Kurden, Zionisten – und reagierte hart. Dem liberalen Verleger Aydın Doğan, der beschuldigt wurde, sich zum Knecht der Europäer gemacht zu haben, wurde Steuerbetrug vorgeworfen. Am Ende war der Medienunternehmer genötigt, sein Presse- und TV-Imperium an den Erdoğan-Vertrauten Demirören zu veräußern, um seine Steuerschulden und Strafen begleichen zu können. Der Premier hatte einen missgünstigen Kritiker zum Schweigen gebracht und dessen Zeitungen, darunter „Hürriyet“ und „Posta“ sowie „Türk-CNN“, in Verlautbarungsinstrumente seiner Politik verwandelt.

Außenpolitisch fühlte sich der Regierungschef durch den „Arabischen Frühling“ ab 2010 bestätigt. Erdoğan befürwortete den Sturz der autokratischen Regime durch Volksbewegungen. Der Politroutinier wollte, dass die spontanen Bündnisse vielfältiger freiheitsdurstiger Kräfte am Ende von den gut organisierten Islamisten wie den ägyptischen Moslembrüdern, die ihm nahestanden, dominiert werden sollten. Zunächst behielt Erdoğan recht. Im Juni 2012 wurde Mohammed Mursi zum Präsidenten Ägyptens gewählt. Erdoğan unterstützte Mursi und wähnte eine muslimische Allianz zwischen Ankara, Kairo und ähnlich orientierten Staaten entstehen. Doch nach nur einem Jahr wurde Mursis Regime von der laizistischen Armee unter General al-Sisi gestürzt.

Erdoğan war überzeugt, dass kemalistische Offiziere in der Türkei den Coup als Ermutigung für eigene Umsturzpläne ansehen könnten, und setzte daher Generäle, auf deren Loyalität er zählte, an die Spitze der Streitkräfte. Als in Syrien Diktator Assad mithilfe seiner alawitisch-dominierten Armeespitze brutal gegen Islamisten vorging, ließ Erdoğan sein Militär gegen den Diktator intervenieren ebenso wie gegen die PKK und andere bewaffnete kurdische Kräfte in der Osttürkei, aber auch in Irak und Syrien.

Recep Tayyip Erdoğan interpretierte den Arabischen Frühling als eine Aufforderung des Schicksals, seine Pläne zu verwirklichen. Im August 2014 wurde Erdoğan zum Präsidenten gewählt. Als seinen Premier ernannte er Ahmet Davutoglŭ. Doch sobald der Professor im Amt war, entwickelte er eigene politische Ambitionen. Es kam zu einer Krise im Verhältnis zu Moskau, die Erdoğan zu einem Beschwichtigungsflug zu Putin nach Moskau zwang. Zudem unternahm der stets lächelnde freundliche Premier nichts, um die Machtexpansion der Gülen-Bewegung einzudämmen. Die Hinweise, dass es in den Streitkräften brodelte, verdichteten sich. Davutoglŭ unternahm auch hier nichts. Der Präsident dagegen drängte auf eine Staatsaktion, um die potenziellen Putschisten auszuschalten. Davutoglŭ aber wartete auf definitive Beweise.

Die erhielt die Türkei am Abend des 15. Juli 2016. Einheiten des Heeres besetzten in Istanbul die beiden transkontinentalen Brücken sowie den Flughafen Atatürk. Kampfflugzeuge überflogen die Stadt. In Ankara griffen Militärmaschinen das Parlament und die Geheimdienstzentrale an. Die Armee verhängte das Kriegsrecht und eine landesweite Ausgangssperre. Ein „Friedensrat" erklärte im Fernsehen, das Militär habe im ganzen Land die Gewalt übernommen, um die Verfassung, die Menschenrechte und die Freiheit zu verteidigen – mit Panzern, Jagdflugzeugen und Bomben. Die Menschen verharrten in ihren Häusern und warteten auf ein Wort ihres Präsidenten. Erdoğan war in seinem Urlaubsdomizil an der Ägäis zunächst abgeschnitten und unfähig, sich zu äußern. Doch von Minaretten im ganzen Land ergingen Appelle, den Putschisten Widerstand zu leisten. In einem Telefoninterview mit einer Fernsehstation erklärte General Dündar, der Umsturz werde nur von wenigen Einheiten getragen. Er werde von „der türkischen Armee nicht unterstützt". Das bewies, dass die Putschisten keineswegs gewonnen hatten. Unterdessen rief der Präsident die Menschen zum aktiven Widerstand auf. „Geht auf die Straßen und gebt ihnen eine Antwort [...] Ich rufe unser Volk auf, sich auf den Plätzen und am Flughafen zu versammeln."

Die Worte Erdoğans rissen seine Anhänger und viele Bürger, die unter keinen Umständen in einer Militärdiktatur leben wollten, aus ihrer Lethargie. Sie stürmten in Istanbul auf die Brücken, umzingelten die Panzer. Besatzungen wurden massakriert. Die übrigen Militäreinheiten zogen sich zurück. Alle demokratischen Parteien verurteilten den Putsch. Zudem versicherte General Dündar dem Präsidenten seiner Loyalität und garantierte dessen Sicherheit. Er rief Erdoğan auf, „nach Istanbul zu kommen".

Obgleich die Lage labil war und die Gefahr drohte, abgeschossen zu werden, entschloss sich der Präsident zum Flug nach Istanbul – wo er von seinen Anhängern frenetisch empfangen wurde. Der Umsturzversuch war gescheitert. Für Erdoğan war der Coup „letztendlich ein Segen Gottes", denn dadurch erhielt er Gelegenheit, sich zum Alleinherrscher aufzuschwingen. Bereits nach wenigen Stunden machte der Präsident „die Parallelorganisation" Fethullah Gülens für den gescheiterten Putsch verantwortlich. Er ließ keinen Zweifel an dessen Bestrafung. Doch die USA verweigerten die Auslieferung des Predigers. In der Türkei befahl Erdogan seinem Machtapparat, Gülens Anhänger zur Rechenschaft zu ziehen. In den folgenden Monaten wurden mehr als 100 000 Beschuldigte, die großteils nicht mit Gülens Organisation in Verbindung standen und nicht am Militärcoup beteiligt waren, aus ihren Stellungen in Justiz, Militär, Erziehung, Staatsdienst, Forschung und Medien entfernt. Unliebsame Unternehmer wurden entmachtet, ihre Firmen schanzte man Anhängern des Präsidenten zu. Der Staat und seine Institutionen, speziell das Militär sowie die Justiz als theoretisch unabhängiges Kontrollorgan, wurden von vorgeblichen Anhängern der Gülen-Bewegung „gesäubert". Jeder, den Erdoğans Apparat verdächtigte, dem Herrscher entgegenzustehen, wurde entlassen, vor staatskonforme Gerichte gestellt und hart bestraft. Erdoğan stand nicht hinter dem Putsch, wie Verschwörungstheoretiker behaupteten. Doch der misstrauische Politiker hatte, nachdem er spezifische Warnungen erhalten hatte, mit der Möglichkeit gerechnet. Als sie eintrat, nutzte er „Gottes Segen" nach Kräften, um seine Feinde auszuschalten. Die faktische Alleinherrschaft goss Erdoğan in Staatsrecht. Im folgenden Frühjahr bestätigten die Türken in einer Volksabstimmung mit knapper absoluter Mehrheit eine zuvor vom Parlament abgesegnete Verfassungsreform. Sie erweiterte noch einmal die Befugnisse des Staatsoberhaupts. Das Amt des Ministerpräsidenten, der als Regierungschef die Exekutive leitete, wurde abgeschafft. Nunmehr leitete der Präsident die Regierung direkt. Die Ministerien, die Armeeführung, die Geheimdienste unterstehen dem Präsidenten, indirekt auch die Justiz, da das Staatsoberhaupt den Justizminister und die obersten Richter bestimmt.

Erdoğan war am Ziel: Er war der Staat. Verantwortlich für die Politik und Kultur und damit letztendlich für das Bewusstsein der Bürger. Das lag dem Präsidenten besonders am Herzen, denn als gläubiger Muslim wusste er, das alles Tun der geistigen Überzeugung entspricht. Der für Kultur und Propaganda zuständige Mitarbeiter des Präsidenten, Fahrettin Altun, gab unmittelbar nach der Wahl die Strategie vor und warnte die Kemalisten: „Eure politische Dominanz ist vorbei, eure kulturelle Hegemonie wird ebenfalls enden." „Anstößige" Kunstwerke – in den Augen religiöser Eiferer ist alles nichtreligiöse Trachten und Tun sinnlich, im orthodoxen Islam und Judentum alle Darstellungen von Menschen sündhaft – wurden aus den Museen und allen staatlichen Einrichtungen entfernt. Parallel ersetzte der Staat die bislang tonangebenden Kosmopoliten aus den Führungspositionen in Theatern, Fernsehsendern und Filmförderungsinstitutionen durch AKP-Gefolgsleute.

Erdoğans Anhänger sahen ihr Idol durch den gescheiterten Putsch bestätigt. Das band sie noch stärker an ihn. Bei den Präsidentschaftswahlen 2018 wurde Erdoğan mit 52,6 Prozent der abgegebenen Stimmen bestätigt. Doch Erdoğan musste erfahren, dass eine gewonnene Wahl keineswegs eine Garantie für eine erfolgreiche Politik ist. Die radikale Entfernung der Oppositionellen aus allen Schlüsselstellungen des Staates war für das internationale Ansehen Ankaras und die Volkswirtschaft negativ. In Kombination mit einer wachsenden Staatsverschuldung verschärfte sich die ökonomische Krise fortwährend.

Internationale Ratingagenturen stuften die Bonität der Türkei aufgrund der wirtschaftlichen Lage, der Reduzierung der Freiheitsrechte sowie der Eskalation im Kurdenkonflikt plus der militärischen Intervention in Syrien fortwährend herab. Ankara und türkische Unternehmen mussten bei ausländischen Banken oder internationalen Institutionen stetig höhere Zinsen für Kredite aufwenden. Auf diese Weise wiederum wurden Staatsverschuldung und Inflation angeheizt. Die Geldentwertung kletterte auf mehr als 110 Prozent. Darunter litten vor allem die „schwarzen Türken", die traditionellen Unterstützer Erdoğans. Aber auch Akademiker wie Ärzte wurden von der Geldentwertung geplagt. Als deren Beschwerden zunahmen, reagierte der Präsident gewohnt barsch: „Verschwindet, wenn es euch in der Türkei nicht passt!" Vor allem Jüngere, gut Ausgebildete ließen sich die von Beschimpfungen gekrönte Inflation nicht länger gefallen und verließen die Türkei. Monatlich emigrieren 300 Ärzte, die in ihrem Land gebraucht werden, ins Ausland. Die Not und die Enttäuschung spiegelten sich im Ergebnis der Kommunalwahlen 2019, in denen die AKP teilweise empfindliche Niederlagen erlitt. Am schmerzlichsten für den Präsidenten war der Verlust Istanbuls, wo Erdoğan seine politische Karriere begonnen hatte. Hier gewann der charismatische Kandidat der oppositionellen CHP Ekrem İmamoğlu knapp. Als die Regierung eine Wiederholung des Votums anordnete, siegte İmamoğlu mit deutlichem Vorsprung. Auch in der Hauptstadt Ankara, in Izmir und weiteren Großstädten sowie in den Kurdengebieten verloren die AKP-Kandidaten erheblich an Zulauf. Zur schmerzlichen Demütigung für Erdoğan gerieten die Präsidentschaftswahlen im Frühjahr 2023, obgleich der Amtsinhaber die Wähler mit Wohltaten wie einem Inflationsausgleich, der Übernahme der Gas- und Energiekosten, der Erhöhung der Beamtengehälter etc. bestach. Die Zinsen wurden wider wirtschaftliche Vernunft niedrig gehalten. Erdoğan versprach den Wählern den weißen Halbmond vom roten Himmel. Er würde die Türkei einer glorreichen Zukunft entgegenführen. Doch viele Bürger hatten genug von den Verheißungen Erdoğans. Daher verfehlte er im ersten Wahlgang erstmals die absolute Mehrheit und war gezwungen, gegen den farblosen CHP-Kandidaten Kemal Kılıçdaroğlu in eine Stichwahl zu gehen – die er knapp mit 52,2 Prozent gewann. Einen wichtigen Beitrag zum Sieg Erdoğans leisteten die in Deutschland lebenden Türken. Hier votierten 65,4 Prozent für den Autokraten. Viele Türken fern der Heimat fühlen sich von der nationalistischen Rhetorik und Politik des Präsidenten angesprochen.

Nachdem er mit knapper Not wieder das Mandat zur Präsidentschaft erhalten hatte, lavierte Erdoğan wie gewohnt zwischen Anspruch und Wirklichkeit. Er zollte der Realität Tribut und kassierte seine widersinnige Fiskal- und Wirtschaftspolitik. Die neue Präsidentin der Nationalbank erhöhte endlich die Zinsen – als Ergebnis begann die Inflation zu sinken. Doch die Mietzinsen, die im Jahr vor den Präsidentschaftswahlen um 150 Prozent gestiegen waren, fielen kaum. Zu viel für die Ärmeren. Die Lebenshaltungskosten in Istanbul sind dermaßen gestiegen, dass sich in den vergangenen fünf Jahren 2,2 Millionen Menschen gezwungen sahen, die Metropole zu verlassen. Andere haben resigniert. Die Zahl der Selbstmorde aus wirtschaftlichen Gründen hat sich in den letzten fünf Jahren verdoppelt.

Umso mehr trumpfte Erdoğan in der Außenpolitik auf. Ankara drohte den Europäern wiederholt, Millionen syrischer Flüchtlinge in der Türkei den Zugang in ihre Länder zu ermöglichen. Nachdem die EU-Staaten ihm Zugeständnisse gemacht hatten, nahm Erdoğan seine Kampfansage vorläufig zurück. Die Türkei ist auf die Vorteile des Assoziierungsabkommens mit der EU, auf den zollfreien Zugang zum europäischen Markt, die erpressten Zahlungen Brüssels, vor allem auf die Einnahmen Millionen europäischer Touristen angewiesen. Zwiespältig verhielt sich der Autokrat auch am Rande des Ukrainekrieges. Er verzichtete erst auf sein Veto gegen die Aufnahme der skandinavischen Staaten Finnlands und vor allem Schwedens in die NATO, als ihm eine Reihe von Zugeständnisse gemacht worden waren. Denn auch Ankara bleibt in einem eskalierenden internationalen Konflikt auf den Rückhalt des nordatlantischen Bündnisses angewiesen. Dass dies dem außenpolitischen Routinier Erdoğan bekannt ist, zeigt seine Pazifizierungsaktion bei dem Transport ukrainischen Getreides durch das Schwarze Meer. Die Türkei benötigt wie andere Länder dringend die Lebensmittelexporte aus beiden Kriegsstaaten.

Die Grundlage für Erdoğans Erfolge ist die Übereinstimmung seiner Überzeugungen und seiner Versprechungen mit denen seiner Anhänger. Die Mitläufer teilen seinen Glauben und seinen Nationalismus. Wie die meisten Türken kann sich Erdoğan nicht der Faszination Atatürks entziehen – auch wenn er ihn als Gottesfeind hasst und als Alkoholiker verachtet. Erdoğans politische Intelligenz, seine Überzeugungskraft, verbunden mit seiner Religiosität und seinem Nationalismus, kulminieren zur narzisstischen Persönlichkeit, die ihn zum kalkulierenden politischen Brandstifter machen.

Er selbst begreift sich als Wächter des Islam und Interessenvertreter der Türkei gegen ihre vielfältigen Feinde und inneren Verschwörer. Erdoğan wähnt sich daher berechtigt, sie auszuschalten. Doch dies gelang nur bedingt. Innenpolitisch erlag der Politiker der Versuchung lange herrschender Autokraten: Er identifizierte seine Interessen mit denen der Türkei. Jegliche Kritik an seiner Politik, seiner Partei und vor allem an seiner Person empfindet Erdoğan als destruktiv – politische, juristische oder gar religiöse Opposition ist seiner Auffassung nach Verrat. Konsequent verwandelte Erdoğan das parlamentarische System in eine Präsidialherrschaft mit schier unumschränkten Machtbefugnissen für sich. Die Ausschaltung unabhängiger Kritik und des politischen Widerstands führte zu Liebedienerei und Korruption.

Ankara besitzt keine Massenvernichtungsmittel, die militärische Potenz der türkischen Armee und das Potenzial seiner Volkswirtschaft sind begrenzt. Dennoch ist Erdoğan nicht bereit, auf außenpolitische Drohungen, Schmähungen, speziell Israels, und auf militärische Interventionen zu verzichten. Doch diese müssen wegen der limitierten türkischen Machtmittel sowie der Abhängigkeit des Landes von EU und NATO notwendigerweise beschränkt bleiben.

Selbst innenpolitisch ist der Manövrierraum Erdoğans begrenzt. Die türkische Gesellschaft ist in hohem Maße aufgeklärt und hängt speziell in den rasch wachsenden Städten einem freien westlichen Lebensstil an. Eine isolierte islamistische Diktatur nach dem Muster Irans oder gar Afghanistans ist in der modernen Türkei nach 20 Jahren unter Erdoğan auch von einem bekennenden mohammedanischen Präsidenten nicht durchsetzbar. Solange Erdoğan im demokratischen Zug fuhr, gelang es ihm, den Wohlstand der Bevölkerung zu mehren, ihre sozialen Konflikte zu mildern und die Freiheit auszubauen. Doch damit wollte sich der islamistische Autokrat und Nationalist nicht begnügen. Daher spaltete er die Gesellschaft, ruinierte die Wirtschaft und zerstörte die Demokratie. Die Türkei ist zu modern und zu rational, um sich widerstandslos gegen die Wand fahren zu lassen. Das will selbst Erdoğan nicht. Doch durch seine Herrschaft fügt er seinem Land Schaden zu.

Die Türken werden noch eine Weile unter ihrem autoritären Herrscher existieren. Nicht ständig in Lebensgefahr schweben zu müssen, ist nur ein geringer Trost für ihre begrenzte Freiheit und die weitgehende Zerstörung ihrer Demokratie. Doch bei aller Machtversessenheit und Konfliktbereitschaft ist Erdogan trotz gelegentlicher verbaler Radikalität zu rational, um geschürte außenpolitische Auseinandersetzungen in größere und längere

Kriege zu eskalieren. Lieber festigt der Präsident seinen Griff um die türkische Gesellschaft. Dabei behält das autoritäre Staatsoberhaupt die Kontrolle über die „schwarzen Türken" und eine von ihm abhängige Aufsteigerschicht. Diese Mitläufer ermöglichen Erdogan eine nahezu unumschränkte Herrschaft über die Türkei, was eine zunehmende Begrenzung der Freiheitsrechte der meisten Türken bedeutet.

Netanyahu

Benjamin Netanyahu hegte bis ins Erwachsenenalter keinen politischen Ehrgeiz. Der kleine Bibi, eine Verniedlichung von Benjamin, war, wie Kinderfotos zeigen, ängstlich. Er stand als zweiter Sohn stets im Schatten des Erstgeborenen, seines wagemutigen Bruders Jonathan. Beide Geschwister sowie der jüngste Bruder Ido waren die Söhne des zionistischen Historikers Benzion Netanyahu und seiner Frau Zila.

Netanyahu senior hatte als Sekretär Vladimir Jabotinsky zugearbeitet, der den „revisionistischen Zionismus" entwickelt hatte. Er besagt, dass die biblische Heimat Anfang des 20. Jahrhunderts kein „leeres Land" war, das für die Aufnahme der bedrängten Juden Europas bereitstand. Dort lebten vielmehr Araber, die ihre Heimat „mindestens so lieben wie wir Juden". Falls die Zionisten sich einen Judenstaat schaffen wollten, dann, so Jabotinsky, „müssen wir unser Land erobern. Es mit einer ‚eisernen Mauer' umgeben und mutig verteidigen." Die meisten Juden lehnten die „revisionistische" Vision ab. Benzion Netanyahu dagegen war davon überzeugt. Er weckte bei seinen Söhnen Verständnis und Sympathie für die Idee Jabotinskys. Speziell bei Bibi.

Benzion Netanyahu verbrachte einen Großteil seiner Zeit als Forscher mit seiner Familie in den USA. Seine Söhne besuchten die Highschool in Pennsylvania und erlangten dort ihre Hochschulreife. Nach dem Abitur folgten Bibi und Ido dem Beispiel Jonathans zur Ableistung ihres Wehrdienstes in Israel. Die Netanyahu Boys dienten allesamt in der Sajeret Matkal. Die Einheit des Generalstabs ist Zions elitärste und härteste Truppe. Ebenso wie seine Brüder verpflichtete sich Bibi als Offizier auf Zeit. Er galt als ehrgeiziger, umsichtiger Soldat. Bibi war an einer Reihe von gewagten Kommandounternehmen beteiligt, er wurde dabei mehrfach verwundet und ausgezeichnet. Dennoch erreichte er nie das Niveau von Jonathan, der als begabtester und wagemutigster jüngerer Truppenführer galt.

Nach seiner fünfjährigen Dienstzeit verließ Bibi die Armee, um sich in den USA ausbilden zu lassen und zu leben. Netanyahu besuchte das MIT und andere Hochschulen. Er studierte Architektur, Wirtschaftsmanagement und Politische Wissenschaften – unterbrochen von einem Kampfeinsatz im Jom-Kippur-Krieg 1973. Danach kehrte er nach Amerika zurück und beendete sein Studium. Später arbeitete er als Manager bei der Boston Consulting Group. Er heiratete in zweiter Ehe die Nichtjüdin Fleur.

Der businesszentrierte American Way of Life sagte Bibi mehr zu als das Dasein in Israel. Netanyahu dachte daran, seinen Namen zu anglisieren. Gleichwohl blieb er seinen Eltern und Brüdern in Israel verbunden. Ido hatte nach dem Militär studiert und arbeitete als Arzt. Jonathan setzte nach einem Philosophiestudium seine Armeekarriere fort.

Ein Schicksalsschlag beendete die Amerikanisierung Bibis. Im Juli 1976 wurde ein Passagierflugzeug der Air France auf dem Weg von Tel Aviv nach Paris entführt. Die deutschen und palästinensischen Terroristen selektierten die jüdischen Geiseln von den übrigen Passagieren. Sie forderten für die Freilassung der Festgehaltenen die Auslieferung inhaftierter Terroristen in Israel und Europa. Sollte das nicht geschehen, würden die jüdischen Geiseln umgebracht werden. Die Terroraktion löste weltweit Empörung aus, doch kein Land ergriff konkrete Maßnahmen. Nicht einmal Frankreich, dessen Flugzeug mitsamt einer Reihe französischer Bürger entführt worden war, und auch nicht Deutschland, dessen Bürger Wilfried Böse das Terrorkommando leitete.

In Israel herrschte blankes Entsetzen. Die übrigen Staaten ließen zu, dass Israelis von ihren Feinden selektiert wurden wie einst Juden von den Nazis. So befahl die Regierung in Jerusalem eine riskante Befreiungsoperation in Uganda. Bodenkommandeur des Trupps war Jonathan Netanyahu. Er wurde bei der Aktion getötet.

Die globale Indifferenz angesichts der Bedrohung von Juden und die Tötung seines Bruders waren für Benjamin Netanyahu traumatisch. Er trennte sich von seiner Frau Fleur und kehrte nach Israel zurück. Hier verfasste er ein Gedenkbuch für seinen Bruder und gründete ein Institut zur Bekämpfung des internationalen Terrorismus, das er nach Jonathan benannte. Der israelische Botschafter in Washington, Moshe Arens, machte Netanyahu ob seiner Eloquenz zu seinem Stellvertreter. Später promovierte ihn das Außenministerium zum Botschafter Israels bei den Vereinten Nationen. Die Tätigkeit erhöhte Bibis Popularität. Er gewann Gefallen an seinem öffentlichen Ansehen und entschied sich, bei der revisionistischen Likud-Partei für die Knesset zu kandidieren. Bereits in New York machte ihm der famose

Rabbiner Menachem Mendel Schneerson die Gegebenheiten eines Politikers drastisch deutlich: „Alle übrigen 119 Parlamentarier werden deine Feinde sein."

Aufgrund der allgemeinen Verehrung für seinen gefallenen Bruder, der eigenen Intelligenz und seiner Begabung als Redner machte der Newcomer eine steile politische Karriere. Nach wenigen Jahren als Abgeordneter, wo er auf Anhieb der überragende Sprecher und Demagoge wurde, erkämpfte sich Bibi die Spitzenkandidatur des Likud für die Knesset-Wahlen 1996.

Der 46-Jährige trat als Erneuerer mit internationalem Flair auf und wurde zum jüngsten israelischen Premierminister gewählt. Doch das strahlende Bild des neuen Regierungschefs wies einen Schatten auf. Seit der Tötung seines Bruders wurde Netanyahu zunehmend von Misstrauen geleitet. Er sah allenthalben Rivalen und Feinde. Anstatt sich auf sein zeitgemäßes Regierungsprogramm, eine Kombination von Wirtschaftsförderung durch Deregulierung und Steuersenkungen, sowie die Unterstützung seiner vielfach ärmeren jüdischen Wählerschaft aus den arabischen Ländern zu konzentrieren, verfing sich Netanyahu in politischen Kabalen. Rasch büßte der Premier die Unterstützung eines Teils seiner Koalitionspartner und vieler seiner Wähler ein. Die linksliberalen Journalisten waren dem rechten Netanyahu ohnehin herzlich abgeneigt. Ihre Aversion geriet zur Feindschaft. Durch seine zunehmende Paranoia, aber auch durch sein harsches, mitunter verletzendes Auftreten verlor der Premierminister auch den Rückhalt mancher Likud-Politiker. Schließlich sprach die Knesset dem Regierungschef das Misstrauen aus. Benjamin Netanyahu gab, wie viele Menschen, insbesondere Politiker, die Schuld an seinem Scheitern nicht den eigenen Fehlern, sondern seinen Gegnern. Kränkend war für Bibi, dass er 1999 seinem ehemaligen Vorgesetzten in der Armee, dem Vorsitzenden der Arbeitspartei Ehud Barak, unterlegen war. Die Pein der Niederlage verstärkte Netanyahus Misstrauen – zugleich stachelte der Amtsverlust seinen Ehrgeiz weiter an. Fortan war er entschlossen, jeden, den er als potenziellen Rivalen ausmachte – also fast alle –, aus dem Weg zu räumen.

Konsequent umgab sich Netanyahu nach der Wahlschlappe ausschließlich mit handverlesenen Getreuen. Doch sein Misstrauen und seine Kontrollsucht stießen selbst herausragende Mitarbeiter wie Naftali Bennett, Avigdor Lieberman, Gideon Sa'ar ab. Er war dafür verantwortlich, dass sie zu seinen politischen Rivalen wurden. Trotz seiner Intelligenz und Redegabe verlor Netanyahu auch das Duell im rechten politischen Lager gegen den populären Ex-General Ariel Scharon, der zum neuen Regierungschef gewählt wurde.

Anders als Bibi war Scharon, der zuvor als der aggressivste und populärste General und Politiker Israels gegolten hatte, nahbar und kompromissbereit. Parteipolitischer Streit interessierte ihn nicht. 2001 übernahm er die Führung des Likud. Bald darauf gewann er nach dem außenpolitischen Scheitern von Premier Barak und einem von ihm provozierten Ausbruch der Intifada die Wahlen. Um Israel das Wohlwollen der USA zu erhalten, gab Scharon seine Konfrontationsstrategie gegen die Palästinenser auf und befürwortete einen einseitigen Rückzug aus dem arabischen Gazastreifen. Da Netanyahu diesen Verständigungskurs im Likud blockierte, verließ Scharon mit seinen Anhängern die Partei und etablierte gemeinsam mit ehemaligen Genossen der Arbeitspartei unter Führung des Friedensnobelpreisträgers Schimon Peres die Kadima-Partei. Aufgrund seines Pragmatismus und seiner Zugänglichkeit gelang es Scharon rasch, in der Knesset eine deutliche Mehrheit hinter sich zu vereinen. Netanyahu, der den neuen Verständigungskurs Scharons als Opportunismus verwarf, musste die Regierung verlassen. Der einstige „scharfe Hund" Scharon wandelte sich zum Friedenspolitiker. Mit breitem Rückhalt in der Knesset und der Bevölkerung ordnete der einstige „Bulldozer" 2005 den einseitigen Rückzug der Armee sowie die Räumung der jüdischen Siedlungen aus Gaza an. Ehe er die Konsequenzen seiner Entscheidung zu spüren bekam, fiel Scharon ins Koma und sollte nie wieder erwachen.

Die Rückkehr Netanyahus an die Macht schien zunächst aussichtslos. Doch Bibi hatte Glück. Die islamistische Hamas erkämpfte die Macht im Gazastreifen. Unmittelbar darauf nahm sie den Kampf mit Zion auf. Israelische Städte und Dörfer gerieten unter Beschuss. Zugleich griff auch die schiitische Hisbollah-Miliz den Norden Zions an. Jerusalem antwortete mit einer Militäroffensive, die sich zu einem mehrmonatigen Krieg auswuchs. Damit trat das Szenario ein, vor dem Netanyahu unentwegt gewarnt hatte. Er hatte nun leichtes Spiel. Bibi bezeichnete Scharons Nachfolger Ehud Olmert nicht zu Unrecht als unfähig und bezwang ihn im Wahlkampf 2009.

Wieder Regierungschef, war Netanyahu entschlossen, sich mit allen Mitteln an der Macht festzuhalten. Zu diesem Zweck heizte er die innenpolitische Auseinandersetzung unentwegt an. Bibi präsentierte sich als „Mr Sicherheit". Jeder, der sich dem Kurs des Regierungschefs widersetzte, wurde zum existenziellen Gefährder Israels gestempelt. Auf diese Weise vertiefte Netanyahu die politische Spaltung der israelischen Gesellschaft. Zugleich aber blockierte Netanyahu alle strategischen Versuche der Armee, die Sicherheitslage durch militärische Aktionen zu lösen.

Verteidigungsminister Ehud Barak drängte unentwegt darauf, das entstehende iranische Atomwaffenpotenzial durch einen vernichtenden Schlag der Luftwaffe zu zerstören. Barak hatte die Priorität der Politik gegenüber dem Militär nicht begriffen. Netanyahu dagegen forderte im Geiste des Militärtheoretikers Carl von Clausewitz, dass das Militär nicht mehr sein durfte als ein Instrument der Politik. Wer das nicht begriff, verlor seine Waffengänge wie Deutschland die Weltkriege oder Israel, trotz militärischer Erfolge, den Jom-Kippur-Krieg 1973.

Ab 2009 saß Netanyahu fest im Sattel des Regierungschefs. Doch der paranoide Charakter sah allenthalben Feinde. Wie andere Autokraten widmete Netanyahu einen Großteil seiner Aufmerksamkeit eingebildeten Widersachern. Er erzielte beachtliche Erfolge, die jedoch zu sozialen Verwerfungen führten. Die vom Premier initiierten Deregulierungen, Steuersenkungen für Investoren und die zeitgleich intensivierte Subventionierung der Hochtechnologie führten die israelische Wirtschaft, speziell die Computerindustrie, in die vorderste Reihe. Israel wurde Mitglied im exklusiven Klub der OECD-Staaten. Sein Hightechsektor galt nach den USA als besonders innovativ und leistungsstark. Israel gewann Renommee als „Silicon Wadi". Der durchschnittliche Wohlstand nahm unter Netanyahu erheblich zu, doch die Preise zogen zugleich an, speziell die Mieten. Wer nicht im Hightechbereich, der Finanztechnologie oder im Immobiliensektor tätig war, fiel immer weiter zurück. Die soziale Schere öffnete sich. Bibi nahm es hin – obgleich viele Likud-Wähler Geringverdiener waren.

Netanyahus primäres Augenmerk galt der Außenpolitik. Der unverzichtbare Partner Israels sind die Vereinigten Staaten.

Zu Bibis Verdruss amtierte bei seinem Regierungsantritt 2009 in Washington Barack Obama. Der Demokrat trat unmissverständlich für eine Zweistaatenlösung, also für ein unabhängiges Palästina, ein. Er lehnte weitere jüdische Siedlungen im Westjordanland ab. Bei einem Treffen in Washington bestand Obama auf einem vollständigen Einfrieren der israelischen Siedlungen. Netanyahu hatte einen palästinensischen Staat prinzipiell zugesagt – doch de facto sabotiert er diesen. Da er sich keinen offenen Bruch mit Washington erlauben konnte, entschied sich Bibi für hinhaltenden Widerstand.

Die reale Gefährdung Israels aber ging von Iran aus. Netanyahu wusste, dass Kernwaffen im Besitz Teherans auch den Interessen Washingtons entgegenstanden. Dadurch wären auch die traditionellen US-Verbündeten am Golf, in erster Linie Saudi-Arabien, gefährdet. Der israelische Premier drängte Washington, durch einen militärischen Angriff die iranischen Atomanlagen auszuschalten. Obama war durch die Verluste in der Folge der US-Intervention in Irak gewarnt. Diesen Fehler wollte er nicht wiederholen. Washington setzte ausschließlich auf Diplomatie. Nach ausführlichen Verhandlungen kamen die ständigen Mitglieder des UN-Sicherheitsrates plus Deutschland mit Iran überein, dass Teheran sein nukleares Potenzial zurückfahren und einfrieren sollte, im Gegenzug würden beschlagnahmte iranische Gelder freigegeben werden. Netanyahu setzte sich an die Spitze der Vereinbarungsgegner. In diesem Punkt wusste er die große Mehrheit Israels hinter sich. Niemand wollte unter dem atomaren Damoklesschwert Irans leben. Bibi war entschlossen, sich als Vorkämpfer Zions in die Washingtoner Löwengrube zu begeben, um mit der massiven Unterstützung evangelikaler Christen und der Israel-Lobby den Atomdeal zu untergraben. Unterstützer des jüdischen Staates in den USA und unabhängige israelische Experten rieten Netanyahu dringend von einer Verschärfung der Konfrontation mit der US-Administration ab. Die jüdische Geschichte habe wiederholt bewiesen, dass Beschwichtigung und Kapitulation zum Untergang führten, betonte Netanyahu. In schier aussichtsloser Lage bleibe lediglich der Kampf. Von republikanischen Gegnern Obamas ermutigt, hielt der israelische Premier im Februar 2015 vor beiden Häuser des US-Kongresses ein leidenschaftliches Plädoyer gegen die Kapitulation vor dem „terroristischen Regime" in Teheran. Netanyahu erhielt viel Beifall von der republikanischen Opposition. Präsident Obama dagegen fühlte sich herausgefordert. Die Beziehungen zu Israel erkalteten. Schließlich unterzeichnete Washington gemeinsam mit seinen Partnern am 14. Juli 2015 das JCPoA-Abkommen. Der Vertrag wurde vom US-Senat ratifiziert. Netanyahus Konfrontationskurs war gescheitert. Die Beziehung zur Obama-Administration erlitt einen irreparablen Schaden.

2017 wurde Donald Trump US-Präsident. Er war ein rabiater Gegner des Iran-Deals, den er im folgenden Jahr kündigte. Netanyahu verstand sich hervorragend mit Trump und seinem Schwiegersohn Jared Kushner. Wobei der „Präsident" Bibi nie vergessen ließ, wer das Sagen hatte. Der Israeli akzeptierte widerspruchslos die Dominanz Trumps – und wurde dafür belohnt. Die US-Botschaft wurde nominell nach Jerusalem verlegt, von Washington abhängige Länder in der Region wie Marokko, die Vereinigten Emirate, Sudan von der Notwendigkeit zur Aufnahme diplomatischer Beziehungen mit Israel überzeugt. Der Plan, auch Saudi-Arabien zur Anerkennung Israels zu bewegen, scheiterte – vorläufig. Dennoch ließ sich Netanyahu von seinen Anhängern als Friedensstifter und „Weltdiplomat" feiern, denn er hatte unterdessen auch ein auskömmliches Verhältnis zu Vladimir Putin und Xi Jinping aufgebaut. Die Gewaltherrscher bekamen von Bibi keine Vorhaltungen über die Verletzung der Menschenrechte zu hören. Man machte Geschäfte im Hightechbereich, die Geheimdienste arbeiteten, speziell mit Peking, im Kampf gegen „Islamisten" zusammen.

Die kurzfristigen Erfolge Netanyahus glichen Seifenblasen. Sie waren schön anzuschauen, doch da sie leichter wogen als Luft, flogen sie davon, ohne Spuren zu hinterlassen. Von entscheidendem Gewicht für die Israelis dagegen waren die wirtschaftlichen Verbesserungen. Selbst über den Technologiebereich hinaus nahm der Wohlstand moderat zu, und so wurde Bibi ein ums andere Mal wiedergewählt: 2013, 2015 und 2019. Seine Anhänger blieben dem Mann, dessen gewollt tiefe Stimme sein mangelndes Selbstwertgefühl und seine fehlende menschliche Wärme überspielen sollte, an der Wahlurne treu. Manche mochten ihn gar als „König von Israel" hochleben lassen. Netanyahu wollte der inszenierten Propagandashow glauben. Beim eigenen Ego schwindet selbst das Misstrauen der Paranoiden.

Die Überzeugung, für Israel unentbehrlich zu sein, und die wiederholten Wahlerfolge suggerierten Netanyahu, die Israelis seien auf ihn angewiesen. Er blendete aus, dass der jüdische Staat eine lebendige Demokratie mit einer freien Presse und selbstbewussten Staatsbürgern ist. Der introvertierte Regierungschef isolierte sich weitgehend von den Bürgern. Er umgab sich mit Reichen und Einflussreichen. Filmproduzenten, Geschäftsleute, Profiteure erbaten von Bibi Gefälligkeiten. Umgekehrt erwartete er von ihnen Aufmerksamkeiten: Champagner, kostbare Zigarren, Schmuck für seine Frau Sara. Die Polizei wurde darauf via aufgezeichnete Telefonate aufmerksam. Während der Jahre 2014 bis 2017 amtierte Premier Netanyahu zudem als Kommunikationsminister. Damit war er auch für die Privatisierung des einst staatlichen Telekomkonzerns Bezeq und der einflussreichen Internetplattform Walla! zuständig. Geschäftsleute signalisierten Interesse an dem Milliardengeschäft. Dabei wurde neben Geldprämien auch über politische Einflussnahme verhandelt, also über Bestechung, Untreue, Betrug. Der selbstherrliche Regierungschef störte sich an der kritischen Berichterstattung der größten Zeitung *Yedioth Ahronot* und versuchte, mit dem Verleger Mozes ein Arrangement für eine günstigere nachrichtliche Tendenz zu erreichen. Zudem wurde Netanyahu beschuldigt, vom Erwerb deutscher U-Boote zu profitieren. Die Armeeführung hatte empfohlen, auf weitere Unterwasser-Kampfschiffe zu verzichten.

Nachdem die Polizei genügend Belastungsmaterial gesammelt hatte, begann die Staatsanwaltschaft mit der Untersuchung. Unter Beteiligung Netanyahus wurden der Generalstaatsanwalt und der Polizeichef ausgewechselt. Die neuen Behördenleiter galten als dem Likud nahe stehend. Doch die Herren erwiesen sich als korrekte Beamte. Sie ließen sich weder von Bibis Unschuldsbeteuerungen noch später von seinen Beschimpfungen beeinflussen. Die Generalstaatsanwaltschaft erhob, abgesehen vom Kauf deutscher U-Boote, in den übrigen Ermittlungsfällen Anklage wegen Korruption, Betrugs und Untreue gegen Benjamin Netanyahu. Ein ungeschriebenes Gesetz der israelischen Politik besagt, dass ein gewählter Amtsträger im Falle einer Anklage von seinem Posten zurückzutreten habe. Netanyahu selbst hatte dies vom damaligen Premier Ehud Olmert gefordert. Dieser resignierte und war wegen Bestechung zu einer Haftstrafe verurteilt worden, die er absaß. Bibi selbst aber zeigte sich hartfellig und trat trotz Mahnungen und Protesten nicht zurück. Bürger und Journalisten kritisierten Netanyahus Unverfrorenheit. Bibi ist der erste israelische Ministerpräsident, der als Angeklagter weiter amtiert.

Corona verschaffte Netanyahu eine Atempause. Früher als andere begriff er Anfang 2020 die von der Pandemie ausgehende Gefahr. Anders als sein Patron Trump versuchte Bibi nicht, die Bedrohung herunterzuspielen. Der Israeli traf wirksame Präventivmaßnahmen. Er spielte seine Energie und seine Erfahrung aus, um die Auswirkungen der Heimsuchung für seine Landsleute zu begrenzen. Als er erfuhr, dass die Firmen BioNTech und Pfizer eine besonders wirksame Schutzimpfung entwickelt hatten, ließ Bibi nicht locker, bis Israel als einer der ersten Staaten mit dem Impfstoff beliefert wurde. Zuvor hatte der Premier den Vorstandsvorsitzenden von Pfizer, Albert Bourla, einem Trommelfeuer von Telefonaten ausgesetzt. Als Gegenleistung überließ Israel Pfizer die Patienteninformationen fast aller Bewohner. Das widersprach den Datenschutzbestimmungen, stand jedoch im Einklang mit der jüdischen Rechtstradition, die besagt: „Lebensrettung hat Vorrang." Alle Israelis wurden, sofern sie zustimmten, gegen Covid geimpft. Das Land hatte im weltweiten Vergleich eine der niedrigsten Opferraten. Bibi wurde darob von seinen Unterstützern gepriesen.

Die Arbeit der Justiz ging indessen weiter. Die Anklage fand ihren Niederschlag neben der Presse auch in der Politik. Die Knesset sprach Netanyahu am 13. Juni 2021 das Misstrauen aus. Zum neuen Premierminister wählte das Parlament den Vorsitzenden der Rechtspartei und Siedlungsbefürworter Naftali

Bennett. Er hatte Bibi zunächst als Stabschef zugearbeitet. Doch da Netanyahu als Ministerpräsident zunehmend selbstherrlich agierte und sich über Regeln des respektvollen Umgangs hinwegsetzte, verließ der ehemalige IT-Unternehmer den Likud-Chef. Bennett konnte nur an die Regierungsspitze gelangen, weil sich die bis dahin zerstrittene Opposition von seiner kleinen Rechtspartei Jamina über gemäßigte Religiöse, Liberale, Zionisten, Linke, arabische Nationalisten bis hin zu moderaten Islamisten einig im Begehren zusammenfand, den bis dahin übermächtig erscheinenden Bibi zu stürzen.

Die neue Regierung wollte soziale Gerechtigkeit, eine Förderung der arabischen Bevölkerung und Fortschritte im Friedensprozess mit den arabischen Nachbarländern bewirken. Diese Ziele werden von 80 Prozent der Israelis geteilt. Doch über die konkreten Schritte dahin herrschte im neuen Regierungslager herzliche Uneinigkeit. Bennett und der Vorsitzende der liberalen Zukunftspartei, Jair Lapid, beschränkten sich zunächst auf populäre Maßnahmen. Man unterstützte die Ärmeren, speziell die Araber, förderte Erziehung, Wissenschaft und Hightech. Bennett und Außenminister Lapid verkündeten den Willen Israels zur friedlichen Einigung mit den Palästinensern. Doch konkrete Schritte waren angesichts der labilen Koalition kaum möglich. Bennett und Lapid konnten an den negativen Rahmenbedingungen wenig ändern: Irans Feindschaft gegenüber jedem jüdischen Staatswesen sowie die militante Haltung der von Teheran abhängigen Hamas- und Hisbollah-Terrororganisationen. Zudem war das korrupte PLO-Regime in der Westbank handlungsunfähig und -unwillig. Der zum Zyniker gereifte Bibi und seine Helfer arbeiteten systematisch am Sturz der Regierung. Schließlich wurden zwei Parlamentarier mit Versprechungen geködert, das Regierungsbündnis zu verlassen, worauf Bennett seine knappe Mehrheit und das Vertrauen in der Knesset verlor. Verabredungsgemäß trat er zurück und überließ bis zu den Neuwahlen Jair Lapid die Position des amtierenden Ministerpräsidenten. Bibi kannte die israelische Wahlarithmetik. Rechte Regierung und linksliberale Opposition halten sich seit Jahren die Waage. Gewinner ist am Ende derjenige, der sein Potenzial am besten auszuschöpfen versteht. Am äußersten rechten Rand vegetierten seit Jahren Kleinparteien, etwa die araberfeindliche Partei Jüdische Kraft, eine Nachfolgepartei der einst wegen ihres Rassismus verbotenen Kach-Partei des ermordeten Rabbis Meir Kahane, sowie die antischwule Splitterorganisation Noam. Netanyahu nötigte die Gruppen, sich mit der religiösen Siedlerpartei zu einem Bündnis zusammenzuschließen, um so die 3,25-Prozenthürde für den Einzug in die Knesset zu überwinden.

Derweil gab man sich im Regierungslager Profilierungsübungen hin. Die arabischen Parteien wollten den jüdischen in der Disziplin des destruktiven Spaltens nicht nachstehen. Die Sozialdemokraten verweigerten einen Zusammenschluss mit der Friedenspartei Meretz. Dadurch gingen den Linksliberalen vier Knesset-Mandate verloren, während die Rechte durch taktische Disziplin vier Abgeordnete hinzugewann. Am Ende lautete das Wahlergebnis 64 : 56 für die Bibi-Koalition. Trotz des Makels der Anklage, einer weitgehend gegen ihn gerichteten öffentlichen Meinung, einer überaus kritischen Berichterstattung sowie einer im Vergleich zum Medienstar Jair Lapid mäßigen Ausstrahlung hatte Netanyahu mit seinen Helfern erneut die widerspenstigen Israelis dominiert. Sein Machtinstinkt, seine Cleverness und seine Beharrlichkeit sind im jüdischen Staat unübertroffen.

Als Netanyahu zum wiederholten Mal seine Residenz in der Jerusalemer Balfourstraße bezog, war er entschlossen, sich nicht länger von seinen Feinden in der politischen Opposition, in den Medien, in Polizei und Justiz auf der Nase herumtanzen zu lassen. Bibi begreift sich als Demokrat, doch die Regeln hat gefälligst er selbst zu bestimmen – hier bewegt er sich auf einer vergleichbaren Ebene mit seinem Männerfreund Trump und mit Erdoğan. Netanyahu verteilte 30 Ministerposten – auf diese Weise wollte er alle Wackelkandidaten an sich fesseln. Die rechtsextremen Abgeordneten Bezalel Smotrich und Itamar Ben-Gvir ergatterten die Ressorts Finanzen und Nationale Sicherheit.

Nachdem sein Kabinett etabliert war, machte sich Bibi unverzüglich daran, die Rechtsreform als Herzstück seiner Koalitionsregierung zu verwirklichen. Justizminister Yariv Levin plante, die Machtfülle des Obersten Gerichts zugunsten von Exekutive und Parlament einzuschränken. Diese gravierende Verschiebung der Herrschaftsbalance rief einen unerwartet breit getragenen und lang anhaltenden Protest hervor. Alle freiheitlichen Bürger wussten, hier geht es um den Bestand ihrer lebendigen Demokratie. Israel besitzt ebenso wenig wie Großbritannien eine geschriebene Verfassung. Das Parlament in Jerusalem kann daher Gesetze mit einfacher Mehrheit ändern. Daneben bestehen in Israel Grundgesetze, speziell im Bereich Menschenrechte, die nicht angetastet wurden. Zudem besitzen alle Abgeordneten das Recht, Gesetze auf ihre Verfassungsmäßigkeit prüfen zu lassen. Hier setzten Netanyahu und sein Justizminister an. Wenn keine Verfassung besteht, woher nimmt der Oberste Gerichtshof das Recht, diese auf ihre Grundgesetzwürdigkeit zu testen? Ihre Antwort: Das Oberste Gericht hat sich diese Kompetenz angeeignet. Daher sollte die Überprüfungskompetenz des Gerichtshofs erheblich eingeschränkt werden. Zudem wollte die Regierung die beispiellose Autonomie des Obersten Gerichts begrenzen. Denn in Israel werden die Obersten Richter nicht nur auf Vorschlag der Regierung vom Parlament bestimmt und vom Staatspräsidenten bestätigt. In Jerusalem schlägt auch das Gericht selbst Kandidaten für neue Richterstellen vor. Dieses weltweit einmalige sich selbst reproduzierende System will die Koalition beenden.

Die Israelis begriffen, hier ging es weniger um eine Reform des Rechtssystems. Es handelte sich vielmehr um den Versuch der Regierung, die eigene Machtfülle nicht länger vom Obersten Gericht kontrollieren und begrenzen zu lassen. Gegen diesen kalten Staatsstreich gingen Hunderttausende speziell in der Wirtschaftsmetropole Tel Aviv auf die Straße. Die Annahme Netanyahus, seiner Gehilfen und Unterstützer, die Demonstrationen würden bald zurückgehen, war falsch. Inländische Hightech- und FinTech-Unternehmen zogen Gelder aus Israel ab. Viele Reservisten, speziell Offiziere im IT-Sektor und Kampfpiloten, verweigerten den Dienst. Als Likud-Verteidigungsminister Joav Gallant Netanyahu über die abnehmende Kampfkraft der Armee informierte und eine Aussetzung der Justizreform verlangte, entließ ihn der Premier. In der Armee kam darob Unruhe auf. Bibi musste Galant bitten, sein Amt weiter auszuüben. Derweil verschärften harte Repressionsmaßnahmen von Sicherheitsminister Ben-Gvir im Westjordanland die Situation. Arabische Terrorakte und Gegenaktionen der israelischen Streitkräfte ließen die Lage eskalieren. In den besetzten Territorien kam es zu Ausschreitungen jüdischer Siedler gegen Araber. Netanyahu, der sich bei den Wahlen als Sicherheitsgarant feiern ließ, verlor zunehmend die Kontrolle über die Ereignisse. In Jerusalem stießen Pro- und

Anti-Justizreform-Demonstranten zusammen. Staatspräsident Chaim Herzog warnte vor einem Bürgerkrieg. Er rief Regierung und Opposition zu Verhandlungen über einen Kompromiss auf. Die Opposition erklärte sich unter der Bedingung bereit, dass die Regierung den Gesetzgebungsprozess aussetze.

Bibi war zeit seines politischen Wirkens überzeugt, nur er kenne die optimale Politik und sei in der Lage, sie durchzusetzen. Wer ihm Gesetzesverstöße vorwerfe, tue dies aus unlauteren Motiven. Die gegen ihn erhobenen Beschuldigungen entbehrten jeglicher Grundlage. „Es war nichts und es wird nichts sein!", verkündete er gebetsmühlenhaft vor seinen Anhängern. Diese Überzeugung und seine Machtgier hinderten Netanyahu daran, ein Angebot der Generalstaatsanwaltschaft zu akzeptieren, die Anklagen gegen ihn fallen zu lassen, wenn er sich im Gegenzug verpflichte, auf alle politischen Ämter zu verzichten.

Die Sicherheitslage verschlechterte sich unterdessen fortwährend. Da viele Reservisten streikten, mussten Armeeverbände von der Grenze zu Gaza in die Westbank verlegt werden. Dies entblößte die Sicherheit der israelischen Grenzsiedlungen am Gazastreifen empfindlich. Schließlich gestattete der Premier seinem Justizminister, unter der Ägide des Staatspräsidenten über einen Vergleich zur Justizreform zu sprechen. Doch schnell wurde deutlich, dass die Regierung nur pro forma mit der Opposition verhandelte, tatsächlich arbeitete sie weiter an der Entmachtung des Obersten Gerichts. Daraufhin stellte die Opposition die Unterredungen ein. Die Gegendemonstrationen wurden wieder aufgenommen. Jeden Sabbatabend protestierte in Tel Aviv fast ein Viertel der Bevölkerung gegen die Reform von „Crime Minister" Bibi. Die Polizei ignorierte den Befehl des rechtsradikalen Sicherheitsministers Ben-Gvir, „härter durchzugreifen“. Man wollte eine Eskalation vermeiden. Netanyahu gab sich unerschüttert. Doch die fortwährenden Auseinandersetzungen setzten ihm zu. Der 73-Jährige brach mehrmals zusammen. Ihm musste ein Herzschrittmacher implantiert werden.

Netanyahu kennt als ehemaliger Diplomat in Washington und New York die politische Landschaft der Vereinigten Staaten wie wenige. Doch durch seine Nähe zu Trump und den christlichen Fundamentalisten verlor er sein Standing bei den Demokraten. Die verhasste israelische Rechtsreform und die Siedlungspolitik brachte Joe Biden gegen Bibi auf. Der Präsident weigerte sich lange demonstrativ, Netanyahu im Weißen Haus zu empfangen. So stellte er ihn bloß. Das kostete Bibi internationales Ansehen.

Die ständigen Auseinandersetzungen über die Justizreform, die Weigerung vieler Reserveoffiziere, speziell Fachleute für elektronische Kriegsführung, ihren Militärdienst zu leisten, schwächten die Abwehrkraft des Militärs, zudem fehlten die in die Westbank verlegten Soldaten am Gazastreifen. Hamas-Untergrundverbände nutzten die Schwäche des ausgedünnten israelischen Militärs und starteten am 7. Oktober 2023 eine koordinierte Terroraktion beispielloser Größe gegen die Menschen am Rande des Gazastreifens. Nachdem sie den vermeintlich undurchlässigen Grenzzaun an 29 Stellen durchbrochen hatten, veranstalteten die Terroristen ein in Israel nie gekanntes Gemetzel. Der Zivilisationsbruch wurde weltweit von muslimischen und anderen Judenhassern bejubelt.

Zahal, die israelische Verteidigungsarmee, wurde von dem Angriff überrascht. Die Geheimdienste hatten versagt, die Streitkräfte waren nicht einsatzbereit. 1200 Israelis wurden umgebracht, Tausende verwundet, mehr als 200 Israelis und Ausländer als Geiseln in den Gazastreifen verschleppt. Die Gesamtverantwortung für das Versagen der israelischen Stellen trug der Regierungschef.

Netanyahus Image als Mr Sicherheit ist für immer dahin. Keine scharfen Reden, Drohungen und kein Vergeltungsfeldzug nie gekannten Ausmaßes können die Trauer lindern und den Juden in Israel das Grundgefühl der Geborgenheit zurückgeben. Sicherheitspolitisch hat Israels Abschreckungsmacht ihre Wirkung weitgehend eingebüßt. Auch die Einbeziehung von Teilen der Opposition in die Notstandsregierung half Netanyahu wenig. Der alte Magier Bibi hat seine Kraft verloren. Zudem sind die Juden infolge von Terror und Krieg weltweit gefährdet. Dieser politisch-psychologische Faktor lässt sich nicht mit Waffen zurückbomben. Netanyahu trägt durch seine Egozentrik einen Anteil daran. Er hat seine Kontrollsucht für eigene Zwecke missbraucht, statt eine generelle Überprüfung des Sicherheitsbereiches vornehmen zu lassen.

Um zu dominieren und seine Vorstellungen durchzusetzen, war Netanyahu bereit, eine Spaltung der Gesellschaft hinzunehmen, die eigene Gesundheit zu gefährden, vor allem aber die Sicherheit Zions aufs Spiel zu setzen und eine Verurteilung wegen Untaten in Kauf zu nehmen, die sich nach seinem Verständnis „nie ereignet haben". Netanyahu hat Israel als Soldat und als Politiker gedient. Er hat durch die Hybris der Macht die Achtung vor dem Gesetz, sukzessive auch die Vorsicht und den Sinn für das politisch Machbare eingebüßt. Durch den Verlust der Unbesiegbarkeit werden ihm seine rechten Mitläufer auf Dauer ihre Gefolgschaft aufkündigen. Mit der Zeit wird er weitgehend isoliert sein. Ursprünglich wollte Bibi nicht mit dem politischen Feuer spielen. Doch durch den tragischen Tod seines Bruders fühlte er sich zum Brandstifter berufen, fand Genugtuung dabei, ehe er am Ende versagte und Israel unwiederbringlichen Schaden zufügte. Aus einer persönlichen Tragödie entwickelte sich durch Netanyahus Mitverantwortung eine weltweite Katastrophe für das Judentum, die Palästinenser – und damit für die gesamte Menschheit. Der Patriot Benjamin Netanyahu sollte der traumatisierten und zerstrittenen israelischen Gesellschaft und seiner Likud-Partei einen letzten, unumgänglichen Dienst erweisen und zurücktreten, um einen Neuanfang zu ermöglichen. Denn jeder Tag, den Bibi länger am Amt klebt, gefährdet Israel zunehmend.

Trump P01135809

Donald Trump ist der geborene Leitwolf. Das kräftige Kind des millionenschweren New Yorker Immobilienunternehmers Fred und seiner Frau Mary Anne Trump war und blieb sein Lebtag lang ein Bully, ein unerschrockener Raufbold, der seine Altersgenossen verprügelte und sich von niemandem etwas sagen ließ. Um Donald zu zähmen, steckte ihn sein Vater in ein Militärinternat – dort musste der Junge sich der herrschenden Disziplin unterwerfen. Seinen Trieb zur Dominanz lebte er im Sport aus, wo er seine körperliche Überlegenheit mit seiner immanenten Aggression zu verbinden verstand. Donald wurde Kapitän der Baseballcrew. Doch die Lust zu führen, zu bezwingen und sich auszuzeichnen ging nicht so weit, sein Leben für das Vaterland aufs Spiel zu setzen. Der Kampfhahn ließ sich während des Vietnamkrieges Wehrunfähigkeit attestieren. Einen Heldentod verbot ihm seine Cleverness. Eine Gabe, die von vorlauten Sprüchen begleitet wurde. Donald strebte danach, im Immobiliengeschäft seines Vaters zu glänzen. Folgerichtig studierte er Wirtschaftswissenschaften. Die meiste Zeit verbrachte er ohnehin im Familienbusiness. Fred Trump war davon dermaßen beeindruckt, dass er seinem gerade 25-jährigen Sohn nach dessen Studium die Führung seiner Firma übertrug.

Ende der 1970er Jahre genügte es dem Junior nicht mehr, das vertraute Unternehmen seines Vaters, das den Bau und die Vermietung preiswerter Wohnungen betrieb, weiterzuführen. Sein überbordendes Selbstwertgefühl ließ ihn den geschäftlichen Erfolg auf dem damals weltweit teuersten Pflaster suchen, in Manhattan. Um dort mitzumischen, brauchte man weit mehr Geld, als selbst sein Vater besaß. Doch Verzagtheit war nicht die Sache des Glücksritters. Napoleon glaubte an seinen „guten Stern“, Hitler an die Vorsehung, Franco und Erdoğan glauben an Gott, der immer auf ihrer Seite steht. Trump glaubt an das eigene Ego. Anders als in europäischen Glücksspielen, in denen Würfel oder der Wert der Karten entscheidet, ist beim Poker das Selbstbewusstsein des Spielers maßgebend. Kann dieser bluffen, besitzt er gute Nerven und hohe Überzeugungskraft, dann ist er in der Lage, selbst mit einem schlechten Blatt das Spiel für sich zu entscheiden. Auch im Geschäftsleben reüssieren Hochstapler so lange, wie sie dank ihrer Bluff-Fähigkeit kreditwürdig sind. Wer von Banken und Geschäftspartnern Geld zur Verfügung gestellt bekommt, kann Güter erwerben und ökonomische Macht ausüben. Diese natürliche Gabe nutzte Trump zunächst im Geschäftsleben und später in der Politik, wo Vertrauen unabhängig von Leistungen erworben wird und trotz objektiver Misserfolge wie verlorener Wahlen weiter bestehen bleiben kann.

Donald Trumps primäres Ziel war, möglichst schnell möglichst reich zu werden. Da er über kein nennenswertes Startkapital verfügte, gab der junge Businessman dies zunächst vor, um Kredite für den Kauf von Liegenschaften zu erlangen. Dies gelang ihm, indem er vorspiegelte, er besitze einen langfristigen Mietvertrag mit einer erstrangigen Hotelkette. Derweil verhandelte er mit dem Hotelbetreiber Hyatt über die Instandsetzung der maroden Immobilie. Bei den Banken behauptete er, mit der Grundsanierung des Baus beauftragt worden zu sein. Dies verschaffte ihm Kredite. Die Zusagen wiederum benötigte Trump, um von Hyatt als kapitalkräftiger Unternehmer mit der Instandsetzung der zukünftigen Luxusherberge beauftragt zu werden. Der so zustande gekommene Deal wiederum war die Sicherheit für neue Bankkredite, mit deren Hilfe die Modernisierung des Hauses gelang. Das fertiggestellte Hotel wurde fortan gemeinsam von Hyatt und Trump betrieben.

Donald Trump hatte sein erstes Luftgeschäft vollbracht. Er hatte das Renommee seines Vaters dank seiner Suggestivkraft in Vertrauen verwandelt und dieses in reale Dollars umgemünzt. Trumps Hochstapelei gelang. Der Erfolg seines Bluffs ermutigte Donald, den Deal zu wiederholen. In einem stagnierenden Grundstücks- und Häusermarkt erwarb er eine Liegenschaft in zentraler Lage an der New Yorker Fifth Avenue und ließ dort ein protziges Hochhaus mit teuren Wohnungen und Geschäften errichten. Hier brachte er die Büros seiner Firma unter. Das dreistöckige Penthouse diente ihm und seiner Familie als Residenz. Gemäß der ihm eigenen Bescheidenheit nannte er das Haus Trump Tower. Er hatte seine Duftmarke im Herzen Manhattans gesetzt. Der junge Unternehmer hatte seine Feuertaufe auf dem härtesten Markt der Erde bestanden. Das stachelte seinen Ehrgeiz bis zur Grenzenlosigkeit an.

Donald Trump war fortwährend auf der Suche nach neuen lukrativen Deals. Er sorgte dafür, dass sein großartiges Selbstbildnis unter die Leute kam. Daher betrieb er früh intensive Pressearbeit. Journalisten, die in Lokalzeitungen positiv über ihn berichteten, wurden von ihm verwöhnt und mit Nachrichten gefüttert, „Miesepeter" versuchte er einzuschüchtern. Der Ghostwriter Tony Schwartz verfasste mit Trump das Buch „The Art of the Deal": Trump, die Kunst des Erfolges. Doch die entscheidende Erfolgsformel der Persönlichkeit lässt sich nicht zwischen Buchdeckel pressen. Wer Trumps Ego besitzt, benötigt keine Rezeptbücher.

Donald Trump ist ein Hasardeur. Er ist getrieben von dem Bedürfnis, das Glück fortwährend herauszufordern – und stets zu gewinnen. Auch durch die Spielsucht der anderen. So bemühte er sich um die Lizenz für Spielcasinos. Dass in New York gewerbemäßiges Glücksspiel verboten ist, spornte ihn an. Trump war entschlossen, die Küstenstadt Atlantic City zum neuen Las Vegas zu machen. Der zukünftige Gambler-Mogul erwarb Anfang der 1980er Jahre zwei der größten Hotels, die er in gewohnter Weise mit seinem Namen schmückte: Trump Plaza und Trump Castle. Als Krönung kam das Taj Mahal hinzu. Warnungen, die Spielsucht sei an der Ostküste nicht so weit verbreitet wie im wilden Westen, schlug der Unternehmer in den Wind. Donald Trump hasst Bedenken ebenso wie deren Träger. Doch die Einwände erwiesen sich als richtig. Die vermögenden New Yorker waren Puritaner, keine Gambler. Daran änderte auch der Rauswurf der Hotelmanagerin, Trumps damaliger Ehefrau Ivana, nichts. Die Erträge der Casinos nahmen stetig ab. Derweil mussten die Kredite für die Hotels bedient und die Beschäftigten entlohnt werden. Trump vermochte die Banken nur für begrenzte Zeit zum Aufschub der Tilgung zu überreden. Die versiegende Zahlungsfähigkeit des einstigen Wunderkindes der Immobilienbranche sprach sich herum. Seriöse Banken verweigerten ihm weitere Kredite und drängten auf Begleichung der Schulden. Trumps Lockungen, Bitten und Drohungen blieben vergeblich. Die Geldinstitute räumten ihm keine neuen Mittel ein. So sah sich der Gambler genötigt, Hochzinsanleihen aufzunehmen, um weiter Spieler in seine Casinos locken zu können. Es war eine verzweifelte Wette gegen die Tatsachen. Am Ende halfen weder betonte Zuversicht noch Boxkämpfe mit dem verblühenden Champion Mike Tyson.

Trumps Casino-Gesellschaft war Anfang der 1990er Jahre insolvent. Donald wechselte die Ehefrau. Finanzzeitungen und Magazine eruierten, der einstige Milliardär sei bankrott, Trump dagegen bestand gegenüber der Presse darauf, nach wie vor ein Milliardenvermögen zu besitzen. Journalisten und Medien, die angaben, der Kaufmann lebe vom Verschieben seiner Schulden, drohte er mit Klagen. Gegenüber dem Finanzamt aber rechnete sich Trump arm. Er gab an, über kein Einkommen zu verfügen, um möglichst keine Steuern zahlen zu müssen. Donald Trump jonglierte mit wechselnden Vermögenswerten und Wohnungsgrößen. Öffentlich und in der Geschäftswelt wollte er als Milliardär gelten, beim Finanzamt gerierte er sich als Schnorrer.

Der Gaukler beschloss, seine Kommunikationsfähigkeit zu Geld zu machen. Gemeinsam mit der Filmgesellschaft Metro-Goldwyn-Mayer, Arnold Schwarzenegger und dem Börsenguru Warren Buffett beteiligte sich Trump an der TV-Show „The Apprentice". Ursprünglich sollte Trump lediglich für eine Staffel der Realityserie vor der Kamera stehen. Doch „The Donald" entpuppte sich als genuines Unterhaltungstalent, das sich an kein Skript hielt, aber die Zuschauer zu fesseln verstand. Die Sendung erreichte 20 Millionen Menschen, vor allem aus den unteren Schichten. Am beliebtesten war der Spruch, mit dem er Kandidaten aus seiner Show warf: „You are fired!" Das Motto zeigte die übereinstimmende Lust an der Aggression sowohl des Zampanos als auch seiner Fans. Der Zuspruch des Publikums bewog die Produzenten, Donald Trump als Alleinunterhalter beizubehalten. Er musste nicht überredet werden. A star was born.

Bis dahin hatte sich Trump als Unternehmer ausgezeichnet. Die Begeisterung eines Millionenpublikums war ihm nur bei Boxevents in seinen Spielcasino-Hotels begegnet. Seine Hybris hatte den Champion Mike Tyson zu der Bemerkung inspiriert: „Wenn ich im Central Park pinkeln würde, würden mich Millionen beklatschen." Der Faustkämpfer schlug seine Gegner k. o., Donald Trump schickte die sich ihm ausliefernden Kandidaten ins Nichts. Die Euphorie eines vernichtenden Sieges in der öffentlichen Arena ließ sich mit keinem anderen Triumph vergleichen.

Bislang galt Trump Politik als eine Beschäftigung für Habenichtse, die auf die Zuwendungen vermögender Geschäftsleute wie ihn angewiesen waren. Er hatte Demokraten wie Republikanern Dollarbrosamen gespendet – ohne eine Präferenz erkennen zu lassen. Falls er sich davon geschäftliche Vorteile versprach, hatte sich Trump wechselweise Demokraten, Republikanern oder Unabhängigen angeschlossen. Der Geschäftsmann befürwortete niedrige Steuern, das Recht auf Abtreibung und eine isolationistische Außenpolitik. Doch mit dem Fortschreiten seiner TV-Karriere begann Trump zu verstehen, dass in der politischen

Arena nicht nur Schaum geschlagen wurde. Milliardäre wie David Rockefeller, John F. Kennedy, Ross Perot und Ronald Lauder hatten sich offenbar nicht nur aufgrund ihrer pekuniären Interessen in der Politik engagiert. Vielmehr waren sie der Sucht nach Macht und Zustimmung erlegen. Boxer konnten ihren Sieg nur kurz und in der Arena genießen. Ein TV-Star erntete lediglich momentane Popularität. Gewählte Politiker hingegen besaßen anhaltend Macht. Im Geschäftsleben war man als Milliardär bedingt einflussreich – zudem abhängig von konjunkturellen Einflüssen. Ein amerikanischer Präsident dagegen – ein anderes Amt kam für Donald Trump nicht infrage – war der mächtigste Mann der Welt.

Während der Präsidentschaft Obamas spielte Trump erstmals mit dem Gedanken, sich um das höchste Staatsamt zu bewerben. Der Kaufmann glaubte Gerüchten von Verschwörungstheoretikern, Obama sei nicht in den Vereinigten Staaten geboren worden. Er sei daher illegal zum Staatsoberhaupt gewählt worden. Zudem sei er Moslem. Als Trump diese rassistischen Lügen in seiner TV-Show verbreitete, verlor er einen Großteil der schwarzen Fernsehzuschauer – und entsprechende Werbeeinnahmen. 2012 unterlag der republikanische Bewerber Mitt Romney Obama. Trump war überzeugt, er selbst hätte den amtierenden Präsidenten besiegt. Stattdessen machte sich Barack Obama über Trumps Verleumdungen lustig. Diese Demütigung wollte der Milliardär nicht auf sich sitzen lassen. Als deutlich wurde, dass sich Hillary Clinton um die Nachfolge Obamas bewerben würde, war für Trump das Maß voll – eine Feministin, zudem die Frau des früheren demokratischen Präsidenten, die ehemalige Außenministerin Barack Obamas und eine New Yorker Senatorin! Dieser Strauß von Piken stachelte Donald Trump wie einen Kampfstier zum Angriff in der amerikanischen Arena auf. Entscheidend aber blieb der Preis der Corrida, der Einzug ins Weiße Haus. Fortan würde Donald J. Trump über jedermann stehen.

Der gesellschaftliche Kodex erheischte, dass politische Ämter und die damit verbundene Macht zum Wohl der Nation und ihrer Bürger erworben und ausgeübt wurden. Reden demokratischer Politiker wie Franklin D. Roosevelt, John F. Kennedy, Bill Clinton und Barack Obama troffen vor Selbstlosigkeit. Gleichwohl waren sie rücksichtslose Machtpolitiker. Daher wärmten Trump und seine PR-Berater den Slogan „America First“ aus den 1930er Jahren auf und ergänzten ihn um die Parole „Make America Great Again“, MAGA. Die Misstöne fielen in der idealistischen Kammermusikmelodie auf – zumal sie die Bedürfnisse seiner potenziellen Gefolgschaft genau bedienten. Amerika befand sich nach der Finanzkrise von 2008 in den 2010er Jahren im wirtschaftlich-gesellschaftlich-politischen Umbruch. Die hergebrachte Industrie rund um Stahl, Auto und Elektrogeräte büßte ihre internationale Konkurrenzfähigkeit ein. Sie konnte mit den subventionierten Produkten aus China und anderen Billiglohnländern nicht mehr mithalten. Der Rust Belt, in dessen Werken amerikanische Arbeiter und Ingenieure einst ihre guten Dollars verdient hatten, verfiel zunehmend. Mit den Fabriken schwand der Wohlstand der Beschäftigten. Die neue Boombranche der USA war der Hightechsektor, vor allem in Kalifornien. Dessen aufstrebende Unternehmen benötigten qualifizierte Akademiker. Sie verdienten überdurchschnittlich gut und waren zumeist liberal. Die untere weiße Mittelschicht dagegen fürchtete um Einkommen und Einfluss. Im ländlichen Amerika, das ebenfalls von der Hightechgesellschaft abgehängt wurde, gewannen die evangelikalen Christen Zulauf. Den Kirchen waren alle Gläubigen willkommen. Wenn sie neben dem Christentum auch zum Patriotismus fanden, umso besser.

Politisch weitgehend unerfahren, ohne je ein Staatsamt besessen zu haben, stürzte sich der New Yorker in das Ausscheidungsrennen um die republikanische Präsidentschaftskandidatur. Fast allenthalben gewann „The Donald" die TV-Duelle und die meisten Vorwahlen. Das Publikum liebte Trumps klare Urteile, seinen vorgeblichen Patriotismus und, auch wenn es antisemitische Vorurteile hegte, seine betonte Verbundenheit mit Israel. Mochten liberale Intellektuelle im *New Yorker*, in der *New York Times* oder der *Washington Post* Trump als rücksichtslosen Populisten entlarven und smarte Journalisten in CNN und anderen liberalen Fernsehsendern vor den Konsequenzen seiner Politik warnen, es focht weder den Kandidaten noch die wachsende Schar seiner Unterstützer an. Denn sie fürchteten, zu verarmen und von gut gebildeten oder von illegal eingewanderten billigen Arbeitskräften in die Bedeutungslosigkeit getrieben zu werden. Trump machte seiner Klientel Mut. Dass er Milliardär war, störte die Ärmeren nicht, er gab sich als Selfmademan, verstand also etwas von Wirtschaft. Wenn Trump versprach, ihnen die arbeitshungrigen Latinos und die billigen chinesischen Produkte vom Leib zu halten, dann glaubten sie ihm. Die fundamentalistischen Christen nahmen dem mehrfach geschiedenen Schürzenjäger das Versprechen ab, gegen den millionenfachen „Abtreibungsmord" vorzugehen und das Christentum unbedingt zu verteidigen – auch wenn der Kandidat weder Nächstenliebe noch Demut zeigte. Mühelos gewann Donald Trump am Ende die Nominierung als republikanischer Präsidentschaftskandidat.

Im Duell um das Weiße Haus gegen Donald Trump besaß Hillary Clinton eine Reihe von Vorzügen. Sie hatte Ansehen als

Außenministerin Barack Obamas sowie als Senatorin, als selbstständige und durchsetzungskräftige Politikerin gewonnen. Ihre Wahlkampfkasse war besser gefüllt als die ihres republikanischen Rivalen. Sie konnte auf ein Netz von Verbänden und Organisationen zurückgreifen, das sie gemeinsam mit ihrem Mann in Jahrzehnten geknüpft hatte – dazu gehörten Gewerkschaften, Zusammenschlüsse von Frauen, Schwarzen, Juden, Hightechkonzernen etc. Nicht zuletzt brachte sich ihr nach wie vor beliebter Mann Bill als Berater und Wahlkämpfer ein. Doch Donald Trump verstand es, Hillary Clinton diese Trümpfe aus der Hand zu schlagen und sie fortwährend zu entwerten. Er belegte die Clintons mit einem Dauerfeuer aus unbewiesenen Beschuldigungen. Der Republikaner warf Hillary leichtfertigen Umgang mit amtlichen E-Mails vor und gab ihr die Schuld am Tod des ehemaligen amerikanischen Botschafters in Libyen. Unentwegt trommelte Trump, seine Rivalin solle ins Kittchen wandern. Clinton habe wie Obama dabei versagt, amerikanische Interessen gegenüber den europäischen Verbündeten und den lateinamerikanischen Nachbarn zu verteidigen. Als Präsident versprach Trump, als Erstes eine Mauer an der Grenze zu Mexiko zu errichten, um den Zustrom illegaler Zuwanderer und billiger Arbeitskräfte endgültig zu unterbinden. Dass die Tausende Kilometer lange Sperre unrealisierbar schien, focht Trump und seine Unterstützer nicht an. Der Showmaster wusste: Eine Lüge wird glaubhafter, je öfter man sie wiederholt. Der Permabeschuss der Trump-Propaganda zeitigte Wirkung. Die demokratische Wahlkampfmaschine geriet ins Stottern. Hillary Clinton erwies sich nicht als die unerschütterliche Frau, die sie zu sein vorgab. Trump und sein Team nutzten ihre Unsicherheiten gnadenlos aus.

Damit möglichst viele über seine Vorzüge und die „Untaten“ seiner Kontrahentin erfuhren, griff Trump gerne auch auf illegitime Unterstützung zurück. Vom Kreml kontrollierte russische Stellen halfen dabei, Clinton systematisch zu desavouieren. Ob Trump über die Details informiert war, ist unbewiesen. Fest steht, dass seine Helfer, speziell Michael Flynn, Bescheid wussten und mit Moskau Kontakt hatten.

Bei den Wahlen gelang es Clinton zwar, drei Millionen Stimmen mehr als Trump zu erringen. Doch Donald Trump hatte mehr Wahlmänner gewonnen, die den neuen Präsidenten bestimmten. Hillary Clinton fügte sich diesem Resultat. Donald Trump hatte das mächtigste Amt der Welt errungen.

US-Autor Michael Wolff behauptet in seinem Bestseller „Feuer und Zorn. Im Weißen Haus von Donald Trump“, der frisch gewählte Präsident sei angesichts seines Triumphs überrascht und entsetzt gewesen. Falsch! Der Journalist hat sich nicht die Mühe gemacht, sich mit dem Charakter Trumps und seiner Unterstützer zu beschäftigen. Denn seit seiner Kindheit strebt Trump danach, seine Rivalen in den Staub zu treten. Das begeistert seine Unterstützer. Sie projizierten die eigenen Aggressionen und ihren Willen, die ihnen verhassten Etablierten niederzuringen, auf ihr Idol. Eine Niederlage kam für Trump, gerade in den Vereinigten Staaten, wo Losern statt Mitleid Verachtung entgegengebracht wird, nicht infrage. Die Herausforderung, Hillary Clinton samt ihren einflussreichen Verbündeten zu schlagen, reizte den Dominator und seine willfährigen Unterstützer.

Donald Trump kam keineswegs unbedarft ins Oval Office, den „Raum, in dem alles geschah“, wie sein späterer Sicherheitsberater John Bolton es schildern sollte. Trump hatte ebenso wie ehedem Adolf Hitler einen klaren Plan, seine Feinde auszuschalten. Doch er musste im Gegensatz zu Hitler in einem festgefügten demokratischen System agieren, dessen Regeln von den gewählten Institutionen und einer freien Presse sowie Millionen Bürgern kontrolliert wurden. Das beeindruckte den neuen Präsidenten in keiner Weise. Als Kandidat hatte er den Wählern die wichtigsten Herausforderungen und Bedrohungen der Vereinigten Staaten unentwegt eingehämmert.

Trump war entschlossen, seine Wahlversprechen zu verwirklichen, um als größter Präsident in die Geschichte einzugehen. Seine Richtschnur war „America First!“: die eigenen Interessen priorisieren, statt den globalen Samariter und Weltpolizisten zu geben und dafür Undank und Terror zu ernten. Das bedeutete eine Reduzierung des globalen Engagements. Die USA würden nur in der NATO verbleiben, falls es sich für Washington rentieren und die Partner einen fairen Anteil der Kosten übernehmen würden. Das gleiche Prinzip galt für die Bündnisse mit Japan und Südkorea.

Der Geschäftsmann kannte die überragende Bedeutung der Vollbeschäftigung für die Arbeitnehmer. Sie war die Existenzgrundlage und die Quelle der Selbstachtung der Beschäftigten. Daher wollte Trump nicht länger zulassen, dass Amerika angeblich von billigen chinesischen Produkten und illegalen mexikanischen Zuwanderern überlaufen wurde.

Ebenso entschieden trat Trump für Steuersenkungen ein. Das schuldete er den Selbstständigen und Geschäftsleuten. „America First!“ bedeutete für Trumps Politik stets auch „Jobs First!“, „Lower Taxes!“.

Trump hatte zudem versprochen, den Washingtoner „Sumpf“ auszutrocknen. Eine Zusage, die fast alle Präsidentschaftsbewerber gaben. Sie begnügten sich jedoch damit, Tausende Schlüsselstellungen in der Administration mit ihren Vertrauensleuten neu zu besetzen. Donald Trump dagegen interessierte weder die Parteizugehörigkeit der Amtsträger noch ihre unabhängige Kompetenz sonderlich. Er besaß, anders als John F. Kennedy, nicht den Ehrgeiz, „die besten und brillantesten" Intellektuellen um sich zu versammeln. Trump verlangte von seinen Helfern „nur" unbedingte Loyalität. Die anstehenden Herausforderungen würde er selbst bewältigen. „Wenn Sie ein Problem haben, kommen Sie zu mir. Ich werde es lösen", wies er seine Mitarbeiter an.

Donald Trump war überzeugt, die Vereinigten Staaten mit einer Handvoll Gehilfen managen zu können. Dafür wählte er wenige anerkannte Experten aus, die er durch seine Tochter Ivanka und deren Mann Jared Kushner, einen vermögenden Erben und Geschäftsmann, kontrollieren wollte.

Die zentrale finanzpolitische Rolle im Kabinett kam Steven Mnuchin zu. Der Banker und Investor war ein politischer Opportunist. In der Wahlkampagne agierte er als Trumps Finanzchef. Dabei hatte er durch sein Geschick beim Spendensammeln seines Meisters labiles Vertrauen erworben. Der vermögende Mnuchin teilte Trumps Finanzstrategie, die Steuern maximal zu senken. Gemeinsam mit dem Präsidenten übte er fortwährend Druck auf die Notenbank aus, die Zinsen niedrig zu halten. Mnuchin hielt sich öffentlich klug zurück. Das große Wort und den Ruhm überließ er Donald Trump. Das Duo arbeitete erfolgreich. Während Trumps Amtszeit sank die Zahl der Arbeitslosen bis zur Coronapandemie auf das historische Rekordtief von 3,5 Prozent. Die Steuersenkungen machten die Reichen vermögender, doch der Präsident und sein Finanzsherpa sorgten dafür, dass für die nichtselbständig Beschäftigten eine schmale Schnitte vom großen Kuchen abfiel: Beschäftigung, verbunden mit einer moderaten Zunahme der Einkommen.

Das State Department vergab der Präsident an Rex Tillerson, den Chef des Ölkonzerns ExxonMobil. Durch seine Managementtätigkeit besaß Tillerson weltweit Kontakte zu führenden Politikern. Für Donald Trump war das Vertrauensverhältnis Tillersons zu Russlands Präsident Putin entscheidend. Tillerson war Trump nicht zugetan. Doch als der Wahlgewinner dem Texaner das Außenministerium offerierte, siegte Tillersons Eitelkeit. Rasch jedoch wurde dem Außenminister bewusst, dass er Trump lediglich als Pappkamerad zu dienen hatte. Sein strategischer Rat war unerwünscht, speziell in der Iranpolitik. Trump lehnte das Übereinkommen der ständigen Sicherheitsratsmitglieder plus Deutschland mit Teheran (JCPoA) ab, das Irans Kernwaffenambition einfror. Tillerson dagegen befürwortete das Abkommen und nannte Trump einen Trottel – was dem Präsidenten zugetragen wurde. Trump feuerte Tillerson per Twitter. So sollten die übrigen Kabinettsmitglieder diszipliniert werden. Neuer Leiter des State Department wurde der bisherige CIA-Direktor Mike Pompeo. Der frühere Berufsoffizier war entschlossen, wie ehedem in der Army dem Befehl seines obersten Kommandeurs eifrig Folge zu leisten. Zudem teilte er Trumps außenpolitisches Weltbild.

Auch Verteidigungsminister James Mattis war ein ehemaliger Berufsoffizier. Der einstige Kommandeur der Ledernacken hatte gegen Islamisten gekämpft und verabscheute Irans Führung. Doch der ehemalige General war kein Jasager. Trump gefiel Mattis' Kampfname „wild dog". Doch Mattis benahm sich keineswegs hündisch. Er widersprach intern der Absicht Trumps, sich mit Nordkoreas Kim Jong-un ohne strategische Vorleistungen des Diktators zu treffen. Als der Präsident an seiner Absicht festhielt, reichte der Minister seinen Rücktritt zu einem späteren Zeitpunkt ein. Doch Trump warf auch Mattis unverzüglich öffentlich raus.

„Chefstratege“ des Präsidenten war zunächst Steven Bannon. Er hatte Trumps Wahlkampagne gemeinsam mit der Medienberaterin Kellyanne Conway geleitet. Bannon war dominant, zudem ein glühender Erzkonservativer. Das unterschied Bannon vom überzeugungsfreien Trump. Der Dominanztrieb des Präsidenten aber rieb sich am entsprechenden Wesen seines Chefstrategen. Zwei Bullen passen nicht in ein Gehege – auch wenn es weitläufig ist wie das Weiße Haus. Im August 2018 musste Bannon gehen. Das war im Sinne von Jared Kushner, dem Trump aufgrund seiner familiären Bindung und seines zurückhaltenden Auftretens relativ vertraute. So wurde Kushner ohne offizielles Amt sukzessive neben seiner Frau Ivanka zum wichtigsten Ratgeber des zunehmend launischen Staatsoberhaupts. Kushner nutzte seine freischwebende Position, um sich in alle Bereiche, speziell auf dem Gebiet der Außenpolitik, einzumischen – ohne die Autorität seines Schwiegervaters je anzutasten.

Vizepräsident Mike Pence hatte mit dem Wahlsieg seine Funktion, die Stimmen der evangelikalen Christen für Trump einzufahren, erfüllt. Fortan degradierte der Boss seinen Stellvertreter zum Grüßaugust. Dem omnipotenten Präsidenten kam nicht in den Sinn, dass sein politisches Schicksal je von Pence abhängen könnte. Doch im entscheidenden Moment bewies Pence eine Eigenschaft, die Trump zeitlebens fehlte: Integrität.

Der Nationale Sicherheitsberater Michael Flynn musste bereits nach drei Wochen sein Amt aufgeben, denn es wurde publik, dass Flynn während des Wahlkampfs eine Verbindung zu

Moskau aufrechterhalten hatte. Unverdrossen betraute Trump den nächsten Ex-Militär, Herbert McMaster, mit der Nachfolge Flynns. Nach einem Jahr hatte der Präsident auch diesen Mitarbeiter verbraucht. Weil sich die einstigen Militärs nicht aufs Gehorchen beschränken wollten, offerierte der Präsident den Vorsitz des Nationalen Sicherheitsrats dem ehemaligen US-Botschafter bei der Vereinten Nationen, John Bolton. Der überzeugte Konservative behauptete später, von Anbeginn den opportunistischen Amtsinhaber durchschaut zu haben. Doch die eigene Eitelkeit ließ Bolton glauben, durch sachliche Argumentation den Präsidenten überzeugen und lenken zu können. Trump verfuhr mit Bolton in gewohnter Weise.

Donald Trump setzte von Anbeginn ein spektakuläres außenpolitisches Signal gegenüber Kanada und vor allem Mexiko. Er kündigte das seit 1994 gültige Nordamerikanische Freihandelsabkommen NAFTA, das er den schlechtesten Deal aller Zeiten nannte. Zugleich versprach er, die Mauer zu Mexiko in Angriff nehmen zu wollen. Denn durch die Zollfreiheit, verbunden mit den niedrigen Löhnen beim südlichen Nachbarn, gingen der amerikanischen Industrie zunehmend Jobs verloren, während sich durch illegale Zuwanderungen billige unversicherte Arbeitskräfte in die USA „ergossen". Doch was sich im TV-Studio und auf Parteikundgebungen überzeugend anhörte und in Wählerstimmen transformieren ließ, schmolz unter der Hitze der politischen Realität. Trumps Landwirtschaftsminister Sonny Perdue überzeugte seinen Präsidenten, dass ein Zollkrieg mit den Nachbarstaaten für die US-Farmer, die überwiegend für Trump gestimmt hatten, eine „existenzielle Krise" bedeuten würde. Handelsminister Wilbur Ross sah entsprechende Folgen für die amerikanische Exportindustrie und deren Beschäftigte. Schwiegersohn Jared Kushner plädierte diskret für Neuverhandlungen des Abkommens. Worauf der Präsident öffentlich bekannte, er könne das Freihandelsabkommen nicht sogleich außer Kraft setzen, weil er die US-Farmer liebe.

Da sich die Handelsabkommen entgegen den naiven Erwartungen Trumps als überaus komplex und damit langwierig erwiesen, wandte sich der Präsident einer Thematik zu, von der er wenig verstand, die ihm daher, ebenso wie seinen Mitläufern, einfach zu handhaben erschien: dem Klima. Trump war überzeugt, dass die Klimaveränderung weitgehend nicht durch die Industrialisierung verursacht wurde. Das „Gerede von der menschengemachten" Erderwärmung sei lediglich antiamerikanische Propaganda. Damit sollten der US-Industrie Fesseln angelegt werden, während ihre asiatischen und lateinamerikanischen Konkurrenten auf Teufel komm raus die Umwelt verschmutzen dürften. Präsident Obama habe aufgrund seiner persönlichen Bindung an den Globalen Süden 2015 dem Pariser Klimaabkommen zugestimmt. Trump kündigte die Vereinbarung auf. Nach dem Ausstieg aus dem Klimapakt ließ sich der Präsident von seinen Claqueuren in den Medien als Retter von Arbeitsplätzen in der Industrie feiern. Auf diese Weise sorgte Trump dafür, dass die Industrie weitgehend ungestört Ölschiefer fördern und Fracking betreiben konnte. Die Gewinne sprudelten und die Energiepreise sanken.

Die Außenpolitik verschaffte dem Präsidenten ständig Gelegenheiten, sich als Mr Amerika kämpfend in Szene zu setzen. Nach Gefeilsche gelangten die USA und ihre Nachbarn 2018 schließlich anstelle des NAFTA-Vertrages zu separaten neuen Zollabkommen. Trump hatte „America First!" durchgesetzt und war entschlossen, eine entsprechende US-Politik gegenüber den

Ländern Europas und weltweit zu verwirklichen, damit sie Amerikas Schutz würdigten und dafür angemessen zahlten. Die Europäer waren nicht einmal bereit gewesen, zwei Prozent ihres Bruttoinlandsprodukts für Verteidigung auszugeben, zu denen sie sich verpflichtet hatten. Das Geld steckten sie lieber in den Ausbau ihrer Wirtschaft, um die USA abzuhängen. Donald Trump war entschlossen, dieser Ungerechtigkeit ein Ende zu bereiten. Doch sein Verteidigungsminister erwies sich dabei keineswegs als harter Hund. James Mattis begriff als ehemaliger NATO-General die vielfältige Dimensionalität des amerikanisch-europäischen Verhältnisses. Die militärische Schwäche der Verbündeten vergrößerte deren Abhängigkeit von Washington und festigte die Position der Vereinigten Staaten als einzige Supermacht. Diese komplexen Erwägungen von Mattis und Außenminister Tillerson sowie des Sicherheitsberaters McMaster und seines Nachfolgers Bolton waren für Trump und seine Wählerschaft schwer verständlich. Der Präsident wollte aus allen Investitionen Amerikas Kapital schlagen. Die USA dürften nicht länger die Melkmaschine ihrer Partner sein. So stellte Trump das Nordatlantische Bündnis zur Disposition. Falls Deutschland, Frankreich etc. weiter von den USA geschützt werden wollten, sollten sie dafür zahlen. Dies müsste in bilateralen Deals festgelegt werden.

Als Erste knöpfte sich Trump die wirtschaftlich Stärkste der militärisch Schwachen vor: Deutschlands Kanzlerin. Als Angela Merkel nach längerer Wartefrist ins Weißen Haus vorgelassen wurde, ließ sie der Hausherr vor der Weltöffentlichkeit kalt abblitzen. Die Kanzlerin und die Europäer sollten ihre Ohnmacht zu spüren bekommen. Trump fuhr fort, gegenüber Deutschland, der EU und den NATO-Staaten durch Ultimaten und Drohungen die amerikanischen Belange durchzupauken. Seine Absicht, die Mitgliedschaft der USA in der NATO zur Disposition zu stellen und die Handelsvereinbarungen mit der EU aufzukündigen, konnte Trump gleichwohl nicht verwirklichen. Zu groß war der Gegendruck der US-Unternehmen, der Finanzwirtschaft und der Gewerkschaften.

Zudem waren sich Kabinettsmitglieder, inklusive der Jasager Mnuchin und Kushner, gegen dieses Bestreben des Präsidenten einig. Die Europäer und Ostasiaten sollten unter dem Druck Washingtons quietschen, doch eine Auflösung der NATO und der transatlantischen Handelsvereinbarungen musste unter allen Umständen vermieden werden. Washington erreichte eine Reihe von Zugeständnissen seiner Partner in den Zoll- und Wirtschaftsvereinbarungen – Trump ließ sich dafür wie gewohnt als Sankt Georg der amerikanischen Belange feiern. Im Verteidigungsbereich aber blieben die Europäer bei ihrer Beschwichtigungspolitik gegenüber Putin. Obgleich die Besetzung der Krim 2014 Russlands aggressive Ansprüche bewies, ließen sich die Westeuropäer nicht bewegen, ihre Verteidigungsanstrengungen zu verstärken.

In Fernost traute Trump sich zu, woran alle seine Vorgänger gescheitert waren: den Koreakonflikt beizulegen. Am besten durch eine Übereinkunft mit Pjöngjang. Dass die „Demokratische Volksrepublik" ein Zwangsregime unter der Fuchtel des unerfahrenen Diktators Kim Jong-un war, störte Trump nicht. Kim Vater und Sohn nutzten Atomwaffen als Erpressungsinstrument gegenüber Südkorea und Japan. Die Nukes dienten als Lebensversicherung seines Regimes. Dennoch war Trump überzeugt, auch den Jungdiktator zähmen zu können. Er schlug Kim einen Deal vor. Verzichtete Nordkorea auf den Besitz von Atomwaffen, würde Washington im Gegenzug die Sicherheit und Integrität Nordkoreas garantieren. Der Präsident war zu einem Treffen mit dem Gewaltherrscher bereit. Verteidigungsminister Mattis und Sicherheitsberater Bolton waren sich sicher, dass der Diktator das Prestige eines Gesprächs ohne südkoreanische Beteiligung für sich nutzen würde. Kim würde kosmetische Zugeständnisse machen, doch seinen atomaren Rettungsschirm unter keinen Umständen aus der Hand geben. Dessen Demontage aber war im Interesse Washingtons. Denn ohne die Massenvernichtungswaffen würde die größte Bedrohung gegen Südkorea und Japan wegfallen. Die USA hätten ihre Soldaten aus Korea abziehen können.

Eine direkte Herausforderung für Washington waren die atomar ausgerüsteten Interkontinentalraketen Nordkoreas. Der „Oberste Führer" machte deutlich, dass sich die gesamten Vereinigten Staaten in Reichweite der Geschosse seines Landes befanden. Die US-Nachrichtendienste bestätigten die Wirkungsmacht der Waffen. Donald Trump war entschlossen, diese reale Bedrohung um fast jeden Preis auszuschalten.

Ende 2018 standen die US-Zwischenwahlen an. Ein Durchbruch bei den Verhandlungen mit Kim wäre eine entscheidende Hilfe für die republikanischen Kandidaten. So ließ der Präsident Pjöngjang die Vorbedingungen Washingtons übermitteln: Beendigung des nuklearen Testprogramms, keine Raketenstarts und Verzicht auf grenznahe Manöver sowie die Einstellung von Drohungen gegen Südkorea und die Vereinigten Staaten. Kim erklärte sich damit einverstanden und ließ die entsprechenden Aktivitäten beenden. Das bestärkte Trumps Zuversicht, Kim mit dem Zuckerbrot finanzieller und wirtschaftlicher Unterstützung sowie der Peitsche gelegentlicher Drohungen dazu bringen zu können, seine Nuklearwaffen zu verschrotten.

Am 12. Juni 2018 trafen sich der „Oberste Führer“ und der unfehlbare Präsident in Singapur. Kim unterzeichnete eine Erklärung, in der sich Nordkorea zu einer vollständigen atomaren Abrüstung verpflichtete. Beide Seiten kamen überein, einen Frieden auf der koreanischen Halbinsel sowie mit den Vereinigten Staaten anzustreben. Trump verkündete euphorisch, seine Gespräche seien „der Auftakt zum Frieden“. Er nahm die Vereinbarung als Beweis für die Richtigkeit seiner Politik und damit als Pfund zugunsten seiner Republikaner bei den Midterms. Trump war zufrieden, dass er sich über die kleinlichen Einwände seiner Berater hinweggesetzt hatte.

Doch das Ergebnis der Wahlen fiel ernüchternd für die Grand Old Party aus. Sie verlor 40 Sitze im Repräsentantenhaus, im Senat dagegen wurde die knappe Mehrheit behauptet. Trump konnte neben seinen vermeintlichen außenpolitischen Erfolgen auch ordentliche ökonomische Daten vorweisen. Die Wirtschaft florierte. Der Präsident nötigte wie gewohnt die Notenbank Fed zu niedrigen Zinsen, der Haushalt war kontrolliert defizitär, so wurde Geld in die Wirtschaft gepumpt, die Sozialleistungen wurden kaum zurückgefahren. Die Zahl der Beschäftigten nahm fortwährend zu. Die Arbeiter und Bauern hatten keinen Grund zur Beschwerde. Der Herr des Weißen Hauses verstand die Undankbarkeit vieler Wähler nicht. Trump war unfähig zu begreifen, dass er mit seinem rechthaberischen Auftreten und seiner strikten Politik die Gesellschaft polarisierte. Wer sich dem Herrn des Weißen Hauses nicht unterwarf, war sein Feind und wurde rücksichtslos bekämpft. Dem Egomanen kam nicht in den Sinn, um die Unentschlossenen, um die politische Mitte zu werben – wo die Wahlen in Demokratien entschieden werden. Seine Mitläufer stimmten weiterhin für ihr Idol Trump. Doch viele Wechselwähler mochten sich nicht für den Spalter entscheiden.

Der Präsident hielt an seiner Wirtschafts- und Gesellschaftspolitik sowie an seiner konfrontativen Außenpolitik gegenüber Europa und Lateinamerika fest. Dagegen modifizierte Trump seine Koreapolitik aufgrund des Verhaltens Pjöngjangs. Zwar zerstörten die Nordkoreaner verabredungsgemäß ihr Atomversuchsgelände. Doch an eine Aufgabe seiner Atomwaffen dachte der „Oberste Führer" entgegen seiner Zusage nicht – wie Verteidigungsminister Mattis und Sicherheitsberater Bolton vorausgesagt hatten. Als Strafe für ihre korrekte Beurteilung wurden beide vom Präsidenten gefeuert. Einerlei, ob richtig oder falsch, Trump duldete keine Kritik. Bei ihrem nächsten Treffen in Hanoi im Februar 2019 forderte Kim von Trump ein Ende der US-Sanktionen. Doch Trump dachte nicht daran, sein wichtigstes Druckmittel aus der Hand zu geben. Auch das dritte Treffen zwischen Trump und Kim an der Demarkationslinie in Panmunjeom führte zu keiner Einigung.

Donald Trump wandte sich zunehmend einer Region zu, in der aufgrund der Abhängigkeit Israels und der Golfstaaten von Washington positive „Deals" für ihn und sein Land wahrscheinlich waren. Trump brauchte hier Erfolge wegen seiner loyalsten Unterstützer. Die evangelikalen Christen waren unbedingte Unterstützer Israels und seines Regierungschefs Benjamin Netanyahu.

Die Anliegen der etwa 60 Millionen Menschen zählte für Trump weit mehr als die knapp ein Zehntel so große jüdische Gemeinde in den USA. Zudem wählten zuletzt 80 Prozent der amerikanischen Hebräer die Demokraten. Trump musste seine Christen zufriedenstellen, unter anderem durch seine harsche

Haltung gegenüber Iran. Das schiitisch-islamistische Regime war der amerikanischen Rechten ebenso verhasst wie der rechten israelischen Regierung. Präsident Obama und seine Außenministerin Hillary Clinton hatten die potenzielle atomare Bedrohung Israels durch das JCPoA-Abkommen von 2015 zu neutralisieren versucht. Trump kündigte 2018 das Abkommen gegen den massiven Protest der Europäer auf. Der Präsident war überzeugt, die Mullahs durch harte Sanktionen zu einer vollständigen Aufgabe ihres atomaren Rüstungsprogrammes zwingen zu können. Er irrte sich doppelt. Zum einen unterliefen Chinesen und Russen sowie andere Staaten die Boykottmaßnahmen des Westens. Vor allem war die Führung Irans entschlossen, nicht auf die atomare Aufrüstung zu verzichten. Sie sahen diese ähnlich wie Kim Jong-un als eine politische Versicherung sowie ein politisch-militärisches Druckmittel gegen Israel an.

Am Ende verlor der Präsident das Duell mit Teheran. Denn die Mullahs machten ihre Drohung wahr und führten ihr Nuklearprogramm bis zur Schwelle der Waffenfähigkeit. Aufkommenden gesellschaftlichen Druck aufgrund ihres repressiven Regimes, der autoritären Wirtschaftspolitik sowie der sanktionsbedingten Armut schlugen sie mit brutaler Gewalt nieder. Der Präsident suchte und fand andere Wege, um den amerikanischen Einfluss in der Region zu festigen.

Trump war der erste Präsident, der sein Wahlkampfversprechen hielt, die amerikanische Botschaft nach Jerusalem zu verlegen. Faktisch blieb die Außenvertretung in Tel Aviv, in Jerusalem wurde lediglich die US-Dependance mit Botschaftsschildern versehen. Entscheidend war die politische Botschaft: Die Vereinigten Staaten erkannten 70 Jahre nach der Gründung des jüdischen Staates Jerusalem als dessen Hauptstadt an. Trump war sicher, dass er durch diesen Schritt die Loyalität der Evangelikalen zu sich vertiefte – quasi nebenher stärkte er auch die Bindung zu jüdischen Unterstützern und Parteispendern wie dem Casinokrösus Sheldon Adelson und dem Computermilliardär Michael Dell. Beide waren Förderer des israelischen Premiers Netanyahu. Trumps Schwiegersohn Kushner befürwortete ohnehin die Verlegung der US-Vertretung nach Jerusalem.

Die Botschaftsrochade nach Jerusalem bedeutete de facto ein Ende des strikten Zweistaatenmodells Israel und Palästina, das Washington bislang wie die EU-Staaten als Essential ihrer Nahostpolitik zugrunde gelegt hatte. Am nachdrücklichsten hatte Barack Obama auf die Bildung eines unabhängigen Palästinenserstaates gedrängt – für Trump ein Grund, diesen abzulehnen. Der Präsident machte deutlich, Israelis und Palästinenser sollten selbstständig ihre Angelegenheit regeln. Die USA würden ein Friedensabkommen großzügig unterstützen. Die PLO-Führung war bestechlich. Sie lebte gut von den großzügigen Zuwendungen der Europäer und der USA. Doch eine Preisgabe selbst des jüdischen Teils der Altstadt Jerusalems kam für Präsident Abbas und seine Behörde nicht infrage. Denn die islamistische Hamas, die die Herrschaft über Gaza erobert hatte, forderte die „Befreiung ganz Palästinas“, also die Vernichtung Israels.

Trump sann mit seinem nunmehr exakt auf sich zugeschnittenen Zuarbeiterteam darauf, einen neuen für seine evangelikalen Mitläufer attraktiven Deal zustande zu bringen. Dies gelang schließlich mit den Abraham-(Friedens-)Abkommen zwischen Israel und den Vereinigten Arabischen Emiraten (VAE) im Herbst 2020 während der Hochphase des amerikanischen Wahlkampfs. Die Emirate hatten sich nie aktiv im Kampf gegen Israel engagiert – der jüdische Staat tangierte ihre Sicherheit nicht.

Auch für Bahrain und Marokko, die später dem Abkommen beitraten, waren gute Beziehungen zu Washington und der Schutz der USA von existenziellem Interesse. So konnte Trump entsprechende Friedensvereinbarungen durchsetzen – und sich bei der Unterzeichnung der Verträge im Garten des Weißen Hauses als Friedensstifter hochleben lassen. Alle waren zufrieden. Der Friedensengel Trump, Premier Netanyahu, der wie seine Landsleute um Anerkennung des Judenstaates inmitten der arabischen Welt rang, und nicht zuletzt die arabischen Monarchien, deren Armeen von Washington mit modernen Waffen ausgerüstet wurden – was wiederum die US-Rüstungsunternehmen und ihre Beschäftigten erfreute. Um die stetig eingeschränkten Rechte der Palästinenser und ihre zunehmende Radikalisierung kümmerte sich die Elite in Washington, Jerusalem, Manama, Abu Dhabi und Rabat nicht. Iran und seine militanten Lakaien sprangen freudig in diese Bresche.

Für Trump ließ sich die zweite Hälfte seiner Amtszeit zunächst nicht schlecht an. Im Senat besaßen die Republikaner nach wie vor eine knappe Mehrheit. Die Arbeitsmarktdaten waren optimal – seine Wähler konnten zufrieden sein. Die Börse florierte. Der Präsident und seine Unterstützer waren überzeugt, dass das Charisma Trumps und sein Amtsbonus ihm bei den kommenden Wahlen einen mächtigen Schub verleihen würden. Doch paranoide Persönlichkeiten wie Richard Nixon, seine Gesinnungsgenossen Trump und Netanyahu fühlen sich trotz stetig verkündeter Siegeszuversicht nie sicher. Das ist eine Triebfeder ihres Ehrgeizes und lässt sie unweigerlich gravierende Fehler begehen. So ordnete Trump an, die Auslandshilfe zu begrenzen und, um seinem Freund Putin – ein weiteres Mitglied der Verfolgungssüchtigen – nicht zu schaden, die Hilfe für die Ukraine fast vollständig zurückzufahren. Zudem wollte der Präsident eine Unterstützung für Kiew als außenpolitischen Hebel zur Schwächung seines voraussichtlichen demokratischen Herausforderers Biden nutzen. In einem Telefonat mit dem ukrainischen Präsidenten Selenskyj machte Trump deutlich, dass er nur gewillt sei, weiterhin der Ukraine beizustehen, wenn Kiew bekannt mache, dass Joe Bidens Sohn Hunter in unlautere Geschäfte mit einem ukrainischen Unternehmen verwickelt sei. Ein Mitschnitt dieses Gesprächs wurde an die Presse lanciert. Es entlarvte den Erpressungsversuch Trumps: Statt seinem Rivalen zu schaden, tappte der Präsident in seine eigene Falle.

Der Druck der Medien, der Öffentlichkeit und der Demokratischen Partei auf Trump nahm stetig zu. Die erfahrene Sprecherin des Repräsentantenhauses, Nancy Pelosi, wollte es bei dieser für die Demokraten bequemen Lage belassen. Aktivistische Kräfte in ihrer Partei aber erzwangen ein Amtsenthebungsverfahren. Es kam, wie Pelosi es vorausgesehen hatte: Im Senat stimmten die Republikaner im heraufziehenden Wahlkampf im Februar 2020 gegen das Impeachment wegen Machtmissbrauchs und der Behinderung des Kongresses. Trump wertete das Votum als Beweis seiner Unschuld und der Verlogenheit aller gegen ihn erhobenen Beschuldigungen.

Just zu dieser Zeit erhob sich eine Gefahr, die sich zum entscheidenden Hindernis für die Wiederwahl des Republikaners entwickelte. Um die Jahreswende wurde bekannt, dass ein unbekanntes Virus in China Todesopfer forderte. Im Laufe weniger Wochen eskalierte Corona zur Pandemie. Auch die USA wurden vom Covid-19-Virus heimgesucht. Trump leugnete die Gefahr. Er sprach zunächst von einem Hoax, einem Schwindel der

Demokraten, im Wahlkampf. Denn ernsthafte Isolierungsmaßnahmen bedeuteten einen drastischen Rückgang der Wirtschaft und damit einen Bruch der davon abhängigen Pro-Trump-Stimmung. Hier machte sich der Kaufmann und Showmaster keine Illusionen.

Nachdem bereits mehrere Hunderttausend Amerikaner der Pandemie zum Opfer gefallen waren, konnte selbst Trump nicht länger abstreiten, dass Covid eine ernsthafte Bedrohung der allgemeinen Gesundheit darstellte. In New York kam das öffentliche Leben zum Stillstand. Trump entsandte ein Lazarettschiff der Marine in seine Heimatstadt. Dennoch fuhr der Präsident fort, die Krankheit zu verharmlosen. Öffentlichkeitswirksam stritt sich Trump mit dem Leiter des Nationalen Instituts für Infektionskrankheiten, dem Gesundheitsberater der Präsidenten Anthony Fauci. Eine veränderte Einstellung Trumps schien sich anzubahnen, als sich der 74-jährige Präsident Anfang Oktober 2020 selbst mit Covid infizierte und im Washingtoner Walter-Reed-Militärkrankenhaus behandelt werden musste. Nachdem er genesen war, wandte er sich in einer Rede an seine Anhänger und warnte sie, „das Virus ist eine Tatsache". Darob wurde Trump von Leugnern und Verschwörungstheoretikern ausgebuht. Der bisherige Brandstifter taugte der kampfwilligen Meute seiner Helfer nicht länger als ihr Antreiber, ja nicht einmal als ihr Sprachrohr. Selbst Napoleon und Hitler waren ohne ihre Garde, ihre Parteigenossen und Claqueure ohnmächtige Figuren. Sie konnten ihre Spiele auf Leben und Tod nur mit der Unterstützung und Hingabe ihrer vermeintlichen Gefolgsleute wagen, die bereit waren, für den Kaiser oder den Führer in den Tod zu marschieren – doch allein, wenn er tat, was sie von ihm erwarteten.

Trump erkannte, dass er nur ihr Anführer bleiben konnte, wenn er dem Willen seiner Mitläufer folgte. Hätte er inmitten des Wahlkampfes die Pferde von Coronaleugnung zur Bejahung und Bekämpfung der Pandemie zu wechseln versucht, wäre er baden gegangen, während das Pferd, das Biden als Vertreter der Vorsichtigen trug, den Herausforderer sicher in sein Quartier nach Delaware geführt hätte. Trump entschied sich wider besseres Wissen, den Weg des Bestreitens fortzusetzen. Statt die Gesellschaft zu einen, spaltete er Amerika, wie es seinem Charakter entsprach. Das ist die entscheidende Ursache für die Niederlage Trumps bei den Präsidentschaftswahlen. Angesichts der indirekt durch die Viruspandemie verursachten Rezession war die Anhängerschaft des vermeintlichen politischen Magiers geschrumpft. Zudem wandte sich ein beträchtlicher Teil der integren konservativen Wähler, die eine politische Wende unter Beibehaltung des Rechtsstaates wie unter Präsident Reagan erwartet hatten, von Trump ab. Zusammengenommen ergab sich ein knapper, doch deutlicher Vorsprung von Joe Biden.

Geistesbrüder Trumps wie Viktor Orbán oder Bibi Netanyahu hatten zuvor Wahlniederlagen als ungerecht empfunden, aber als Intermezzo hingenommen. Der Narzisst Donald Trump hingegen war unfähig, sich ein Unterliegen einzugestehen oder zu akzeptieren. Er ist bis heute überzeugt, dass er um den Sieg „betrogen“ worden war. Gemeinsam mit seinen Helfern versuchte er im Swingstate Georgia und wohl auch in anderen Staaten, eine Ergebniskorrektur zu erzwingen. Als dieses Unterfangen scheiterte, setzte Trump, wie es seinem Wesen entsprach, auf einen großen Showdown.

Am 6. Januar 2021 sollten die in den Bundesstaaten bestimmten Elektoren im Kongress den neuen Präsidenten wählen. Der bisherige Vizepräsident war zugegen. An Mike Pence' Loyalität gegenüber seinem Chef bestand nie ein Zweifel. Doch nun verlangte Trump von seinem Stellvertreter, die Bestätigung des Wahlergebnisses wegen Unregelmäßigkeiten zu verweigern. Zu Trumps maßloser Enttäuschung lehnte sein Lakai das Ansinnen ab. Für den gläubigen Christen Pence kam ein Betrug nicht infrage. Seine Loyalitäten galten, anders als der vermessene New Yorker gedacht hatte, Gott und dem Gesetz. Nicht einem machtgierigen Politiker.

Die Empörung über den vorgeblichen Wahlbetrug, gesteigert durch die Frustration über den „Verrat" des bislang folgsamen Vizes, empörten Donald Trump und seine Mitläufer gleichermaßen. Sie verweigerten sich allen Beweisen, die ihrer Überzeugung widersprachen. Für Trump und seine Gefolgschaft zählten die eigenen „alternativen Fakten".

In selbstgerechter Empörung rief Trump am 6. Januar seine aufgebrachten Gefolgsleute, von denen manche bewaffnet waren, dazu auf, „zum Kapitol (zu) gehen" und „zu versuchen [...] unser Land zurückzuerobern". Die Rede ihres Präsidenten brach die letzten Dämme der Zurückhaltung. Seine Helfer marschierten zum Kapitol. Sie stürmten den Kongress, dabei schreckten manche nicht davor zurück, Wachleute anzugreifen. Vizepräsident Pence musste in Sicherheit gebracht werden, der Besetzungsversuch wurde von der Wachmannschaft des Kongresses und die durch Pence alarmierte Nationalgarde zurückgeschlagen.

Am folgenden Tag bestätigte der US-Kongress formell die Wahl von Joe Biden zum 46. Präsidenten der Vereinigten Staaten. Mike Pence erklärte das Votum für rechtens. Der von Donald Trump angestachelte Aufstand war unterdrückt worden.

Der demokratische Rechtsstaat hatte sich – zunächst – behauptet. Der Umsturzversuch in Washington weckt Erinnerungen an den misslungenen Putsch Adolf Hitlers vor gut einem Jahrhundert. Doch Hitler und die Nazis gaben nicht vor, eine Wahl gewonnen zu haben. Hitler setzte ausschließlich auf Gewalt und die Macht seiner Kämpfer. Es kam den Nazis nicht in den Sinn, den entmachteten Landtag zu stürmen. Hitler wollte lediglich die herrschende nationalistische Clique, die Bayern regierte, in seine Gewalt bekommen, um den Marsch auf die demokratische „Berliner Judenrepublik" anzutreten.

Die Vereinigten Staaten dagegen waren 2021 eine gefestigte Demokratie. Trump und seine Helfer gaben daher vor, dass ihnen ihr „ehrlicher Sieg" in manipulierten Wahlen „gestohlen" worden sei. Eine neue Dolchstoßlegende.

Die beunruhigenden Gemeinsamkeiten der ein Jahrhundert auseinanderliegenden Putschversuche aber liegen auf der Hand: Vernichter und Brandstifter hatten mit Unterstützung ihrer Gefolgsleute versucht, wider das Gesetz die Macht im Staat an sich zu reißen. Dabei war es ihnen gelungen, gewaltsam bis ins Herz der Regierung beziehungsweise des demokratischen Parlaments vorzudringen. Am Ende konnten die aufständischen Nazis und Trumpisten jeweils nur gewaltsam an der Verwirklichung ihres Coups gehindert werden.

Hitler war wegen Hochverrats vor Gericht gestellt worden. Der Prozess diente ihm als Bühne, sich als politischer Märtyrer zu gerieren und für seine radikale Weltanschauung zu werben. Die Demokraten leiteten gegen Donald Trump umgehend ein Impeachment-Verfahren ein. Der Senat stimmte mit 57 : 43 für die fiktive Entfernung Trumps aus dem Präsidentenamt. Damit wurde die notwendige Zweidrittelmehrheit verfehlt. So gab man

Trump erneut die Gelegenheit, sich seiner „Schuldlosigkeit" zu rühmen. Ein unnötiger politisch-psychologischer Fehler.

Unterdessen ist gegen den 45. Präsidenten in vier Hauptverfahren mit insgesamt 91 Straftatbeständen Klage erhoben worden. Unter anderem wegen:

- illegaler Buchung einer Schweigegeldzahlung an eine Pornodarstellerin,
- fahrlässigen Umgangs mit Geheimdokumenten,
- Nötigungsversuchen Trumps und seiner Mitarbeiter, nach den Wahlen in Georgia gegenüber Amtsträgern das Wahlergebnis zu manipulieren, sowie
- Trumps Appell zum Umsturz in den Vereinigten Staaten und deren politischen Institutionen durch seine Rede am 6. Januar 2021 in Washington. Wegen Trumps Aufruf zur Verschwörung, über den juristisch noch nicht entschieden worden ist, schlossen die Obersten Gerichte in Colorado und Maine Trump von der Teilnahme an den Vorwahlen der Republikaner aus.

Hier wird Gravierendes mit Nebensächlichem vermischt. Donald Trump empfindet sich als Opfer einer Hexenjagd – seine Anhänger fühlen ebenso. Die Vorladung vor ein Gericht in Atlanta, seine erkennungsdienstliche Erfassung, einschließlich Festhalten und ein Mugshot, ein Verbrecherfoto, zum Zweck der Anklage in Georgia, kondensiert in der Polizeiakte P01135809, liefern Trump weitere „Beweise" für seine paranoide Behauptung.

Trump sonnt sich in der öffentlichen Aufmerksamkeit. Er führt mit weitem Abstand das Bewerberfeld der Republikaner und gewann die ersten Vorwahlen mit großem und deutlichem Vorsprung. Bei den Wahlen 2024 wird der 78-jährige Trump mit annähernder Sicherheit der republikanische Präsidentschaftskandidat sein. Als sein Gegner dürfte mit großer Wahrscheinlichkeit der knapp 82-jährige Joe Biden feststehen. Das ist ein Sinnbild für die Erstarrung des politischen Systems der USA.

Es besteht die Möglichkeit, dass Donald Trump wieder zum Präsidenten gewählt wird – ähnlich wie es sein Gesinnungsgenosse Bibi Netanyahu in Israel ins Amt des Ministerpräsidenten schaffte, obgleich er wegen mehrerer Vergehen angeklagt ist und vom linksliberalen und gesetzeskonformen Spektrum der Bevölkerung gehasst wird. Doch es besteht ein gewaltiger Unterschied, ob ein politisch isoliertes, kleines Hightechland mit zehn Millionen Einwohnern von inneren Unruhen erschüttert wird und einen Krieg führt – oder die Vereinigten Staaten als Weltmacht und führende Demokratie und Stütze der freien Welt. Die Vorstellung, dass Donald Trump die ohnehin vielfach gespaltene amerikanische Gesellschaft weiter polarisieren und Konflikte entfachen wird, ist für Menschen mit freiheitlicher Gesinnung weltweit ein Albtraum.

Demokratische Staaten und ihre Gesellschaften haben während der vergangenen 250 Jahre zunehmendes Selbstbewusstsein und stabilisierende Einrichtungen entwickelt, um die Freiheit gegen ihre Feinde zu verteidigen und dabei obsiegen zu können. Bislang haben sich diese Institutionen und ihre Instrumente wiederholt bewährt.

Instrumente der Freiheit: Wie man ihre Feinde stoppt

Demokratie wird seit Ende des Ersten Weltkriegs, vor allem aber seit 1945 als politisches Allheilmittel der Freiheit gepriesen. Von Anbeginn und zuvorderst hatten die angelsächsischen Demokratien die Nazis, Faschisten sowie die Militaristen Nippons niedergerungen, während die Sowjetunion 1939 mit dem NS-Staat kooperiert und Hitler so den Krieg in Europa entscheidend erleichtert hatte. Danach halfen die westlichen Mächte, Deutsche, Italiener und Japaner zu Musterdemokraten zu formen.

Doch auch die Vereinigten Staaten, Großbritannien und Frankreich eroberten Kolonien und unterdrückten die heimische Bevölkerung. Sie haben im Namen der Aufklärung eine Reihe von Angriffskriegen in Indochina, Afrika und Asien geführt, die Millionen Menschenleben forderten. Dabei wurden demokratische Fassaden errichtet, deren Funktion darin bestand, Wähler und Medien in den westlichen Staaten zu täuschen. Den Bewohnern des Globalen Südens von Vietnam über Afghanistan bis Algerien wurde nachhaltiger Schaden zugefügt. Selbst jene, die an die demokratischen Verheißungen geglaubt und sich aus Armut oder Not den Eindringlingen angeschlossen hatten, wurden beim Abzug der Invasoren von diesen zumeist im Stich gelassen.

Zum Erhalt von Freiheit und Demokratie, „für den Widerstand (gegen) die Tyrannei“ genügen keine formalen „Lektionen“, wie sie der Historiker Timothy Snyder in seiner Schrift „Über Tyrannei. 20 Lektionen für den Widerstand" erteilt: „Leiste keinen vorauseilenden Gehorsam", „Verteidige Institutionen", „Hüte dich vor dem Einparteienstaat", „Nimm dich in Acht vor Paramilitärs", „Sei freundlich zu unserer Sprache", „Nimm Blickkontakt auf und unterhalte dich mit anderen" … Mit Ausnahme der Empfehlung „Verteidige Institutionen" sind die Ratschläge wohlfeil. Der Historiker hätte auch dozieren können: „Sei edel, hilfreich und gut." Politik ist komplex wie das Leben und nicht mit Sprüchen aus dem Poesiealbum, selbst nicht mit ChatGPT-Rezepten zu bewältigen. In der Innenpolitik sind demokratische Einrichtungen wie eine unabhängige Justiz und ein frei gewähltes Parlament vital.

Auf der internationalen Ebene sind die bekanntesten Institutionen die Vereinten Nationen samt ihren Unterorganisationen sowie der Internationale Gerichtshof und der Strafgerichtshof in Den Haag. Ihr Einfluss ist durch ihre weitmaschige Struktur, die realen Machtverhältnisse sowie das Fehlen wirksamer Sanktionsinstrumente begrenzt. Im Sicherheitsrat besitzen die fünf ständigen Mitglieder ein Vetorecht. Alle können jeden Beschluss, der ihren Interessen zuwiderläuft, blockieren. Selbst wenn die Vollversammlung mit überwältigender Mehrheit einen Angriffskrieg wie die russische Invasion der Ukraine gemäß UN-Satzung verurteilt, blieb dies ohne politische Wirkung, da Moskau im Sicherheitsrat Einspruch einlegte. Andererseits war der Beschluss der UN-Vollversammlung infolge des Massakers vom 7. Oktober 2023 an mehr als 1200 Menschen in Israel, in dem weder die verantwortliche Terrororganisation noch die Nationalität der Ermordeten genannt wurden, ein Hinweis auf die Unglaubwürdigkeit der Vereinten Nationen. Washington hält bei fast allen gegen Israel gerichteten Resolutionsanträgen seine schützende Hand über den jüdischen Staat.

Die Strukturen der UNO sind seit ihrer Gründung 1945 fast unverändert geblieben. Reformen scheitern am Egoismus einzelner Mitglieder. So ist Indien als bevölkerungsreichster Staat mit mehr als 1,4 Milliarden Menschen nicht als ständiges Mitglied im Sicherheitsrats vertreten, während Frankreich mit knapp 68 Millionen Bewohnern dort permanent Sitz und Stimme innehat. Die Vereinten Nationen dienen als weltweite Propagandabühne, beispielsweise bei der Verurteilung von Angriffskriegen oder im Kampf gegen die Zerstörung der Umwelt. Zudem taugen die UN als Forum der persönlichen Begegnung von Politikern während der jährlichen Generalversammlung.

Dabei kommt ihre wichtigste friedenserhaltende Aufgabe zum Tragen: die Diplomatie. Sie ist unabhängig von der Regierungsform der Beteiligten. Das ist wichtig, da die Mehrheit der Staaten nicht demokratisch regiert wird.

Diplomatie zwischen Friedensangebot und Abschreckung

Diplomatie kann dazu beitragen, Konflikte zu entschärfen, sie beizulegen, bereits ausgebrochene Feindseligkeiten einzudämmen, sie unter Umständen zu beenden. Voraussetzung ist die Bereitschaft der Parteien zu Verhandlungen und zum Kompromiss.

Wirksame Diplomatie beginnt, wie der Historiker und ehemalige US-Außenminister Henry Kissinger einforderte, mit der „gnadenlosen Analyse“ der Lage. Voraussetzung weiteren Handelns sind die Entschlossenheit, die essenziellen eigenen Interessen zu verteidigen, sowie ein militärisches Potenzial, das dieser Haltung Glaubwürdigkeit verleiht.

Gegen zum Krieg entschlossene Herrscher freilich helfen diplomatische Manöver kaum. Das Geschehen während Kissingers Lebenszeit ist ein Beweis für die Möglichkeiten, die Fehler und die Grenzen der Diplomatie. Als Schüler erlebte der 1923 in Fürth geborene Heinz Alfred Kissinger in Deutschland die zunehmende Ausgrenzung der Juden nach der „Machtergreifung" der Nazis. 1938 floh seine Familie über England in die Vereinigten Staaten, kurz darauf erpresste Hitler auf der Münchner Konferenz London und Paris, die Tschechoslowakei zur Abtretung des Sudetenlands zu zwingen. Es war keine „Rettung des Friedens", vielmehr ein Versagen der Politik, das in den Zweiten Weltkrieg mündete.

Die Vereinigten Staaten wurden 1941 von Japan überfallen, weil die Diplomatie auch von Washington nicht genutzt wurde und die japanische Militär- und Staatsführung meinte, keine Alternative zum Krieg zu besitzen. Henry, wie er sich in den USA nannte, Kissinger meldete sich zum Kriegsdienst in der US Army. Er wurde amerikanischer Staatsbürger und 1945 Zeuge der Befreiung des Lagers Ahlem bei Hannover, ein Außenlager des Konzentrationslagers Neuengamme.

Kissinger nahm als Soldat – anders als die Angehörigen der heutigen Politikergeneration wie Putin, Trump, Erdoğan – an den Kämpfen teil und wurde Zeuge der Verbrechen am Rande eines totalen Krieges, der erst nach dem Einsatz von Atombomben gegen zivile Ziele endete. Durch das Studium der Politikwissenschaften und Geschichte wurde Kissinger zum Befürworter der „Realpolitik". Deren Kernaussage lautet: „Politik ist Kampf um Macht", was keineswegs eine Beschränkung auf Waffengewalt bedeutet.

Diplomatie sollte eingesetzt werden, um Kriege zu unterbinden. Henry Kissinger illustriert dies in seiner Doktorarbeit am Beispiel des Wiener Kongresses: Nach Napoleons Niederlage führte Frankreichs Außenminister Charles-Maurice de Talleyrand mit Zustimmung der Sieger sein Land wieder ins Quintett der tonangebenden europäischen Mächte. Diese diplomatische Leistung wurde möglich, weil auch die Außenminister Österreichs und Großbritanniens, Klemens von Metternich und Robert Castlereagh, ebenso wie Talleyrand eine Gleichgewichtspolitik befürworteten, die von den übrigen Staaten Europas gutgeheißen wurde. Auf diese Weise blieb der Kontinent knapp ein Jahrhundert von einem großen Krieg verschont.

In der Zeit des Kalten Krieges fristete die Diplomatie der Großmächte ein Schattendasein. Man beschränkte sich vorwiegend auf das Aushandeln von Waffenstillständen wie nach den Kriegen in Korea, Indochina oder im Suezkrieg 1956. Die Kubakrise, die 1962 fast zu einem Nuklearkrieg geführt hätte, wurde durch Telefonate und einen Blitzdeal entschärft.

Henry Kissinger lehrte in Harvard die graue Theorie, ehe er als außenpolitischer Experte Anerkennung fand. Schließlich wurde er ab 1969 Richard Nixons Nationaler Sicherheitsberater und später dessen Außenminister. Das Amt behielt er auch unter Präsident Gerald Ford bei. Kissinger inspirierte und koordinierte die Entspannungspolitik mit China. Dabei wurde die Feindschaft der USA gegenüber dem kommunistischen Block durch diplomatische Maßnahmen in eine Gleichgewichtspolitik zwischen Washington, Moskau und Peking transformiert. Eine Schlüsselrolle spielte Kissinger bei den geheimen Verhandlungen mit Hanois Außenminister Le Duc Tho zur Beilegung des Vietnamkrieges. Dafür wurden beide mit dem Friedensnobelpreis ausgezeichnet.

Der Deutschamerikaner befürwortete die Ausweitung des Bombenkrieges auf Kambodscha und Laos und war damit für den Tod zahlloser Zivilisten mitverantwortlich. Der Abzug der Amerikaner aus Vietnam endete 1973 chaotisch. Ehemalige Unterstützer der USA und ihres demokratischen Politikmodells wurden von Washington geopfert. Gleichwohl verlor Kissinger nie das übergeordnete Ziel internationaler Politik aus den Augen: den globalen Frieden, die Sicherheit und die Freiheit der demokratischen Staaten auf glaubwürdige Weise zu gewährleisten.

Dabei kommt der Diplomatie eine Schlüsselfunktion zu. Sie geht von der unsentimentalen Bestandsaufnahme der eigenen Ziele aus. Je früher damit begonnen wird und je eindeutiger die Bereitschaft international bekundet wird, die Demokratie zu verteidigen, desto erträglicher sind die Kosten der Freiheit. Hier kann die Diplomatie eine entscheidende Funktion ausüben – falls sie über ein glaubwürdiges Machtpotenzial verfügt. Dies wird an erwähnten Beispielen deutlich.

Paris und Berlin sowie die übrigen NATO-Staaten hatten nach der Besetzung der Krim durch Russland 2014 auf eine harte politische Reaktion verzichtet. Das ermutigte Putin, acht Jahre später die Ukraine anzugreifen. Regierungen, die auf einen Einsatz von Diplomatie verzichten, deren Skala bis zur Abschreckungspolitik zu reichen hat, tragen eine Mitverantwortung für Folgekriege, indem sie potenzielle Aggressoren durch einen Verzicht auf absehbare Konsequenzen und Sanktionen in deren Annahme bestärken, sie könnten ihre offensiven Aktionen ohne Folgen fortsetzen und eskalieren.

Noten, Warnungen, selbst Ultimaten sollten mit friedlichen Alternativen verbunden sein. Etwa mit dem Hinweis auf Wege zu einer Einigung, die Vorteile für alle Beteiligten mit sich bringt. Die Verhandlungen und die Vereinbarungen der strategischen

Abrüstungsgespräche zwischen den Vereinigten Staaten und der Sowjetunion zwischen 1969 und 1979 (die Strategic Arms Limitation Talks; kurz: SALT) bewiesen, dass selbst im Kalten Krieg Abkommen möglich waren, da es gelang, die prinzipiell widerstreitenden Interessen in geduldigen Beratschlagungen zum Vorteil beider Seiten zu bündeln.

Bemerkenswert ist, dass Moskau, während es mit Washington über SALT verhandelte und dabei schließlich zu einer Teileinigung gelangte, in Europa Mittelstreckenraketen stationierte, um in dieser Arena eine atomare Übermacht zu erzielen. Als Reaktion fasste die NATO 1974 auf Initiative von Bundeskanzler Helmut Schmidt den „Doppelbeschluss". Dabei wurden die UdSSR aufgefordert, ihre Mittelstreckenraketen gegen europäische Ziele abzubauen. Falls die UdSSR sich weigerte, wurde eine „Nachrüstung" der NATO angedroht. Dieses Junktim löste eine Welle von Protesten für den Frieden aus. Davon unberührt, verhandelten NATO und Moskau weiter. Am Ende lenkte der Kreml ein. So wurde mithilfe konsequenter Diplomatie ein Wettrüsten in Europa verhindert.

Ein Beispiel für die verheerende Wirkung eines Verzichts auf Diplomatie war die Kündigung des JCPoA-Abkommens zwischen Iran und den ständigen Mitgliedern des UN-Sicherheitsrates plus Deutschland durch die Regierung Trump in 2018. Die Vereinbarung zur Begrenzung der Nuklearrüstung Teherans war mangelhaft. Sie war zeitlich limitiert und erlaubte Iran die Herstellung von Trägerwaffen. Statt an diesen Schwachpunkten zu arbeiten, versuchte die Trump-Regierung Teheran zu einem Einlenken zu zwingen. Iran aber blieb trotz amerikanischer Sanktionen bei seiner konfrontativen Haltung. Das Land setzte sich über die Bestimmungen des Abkommens hinweg – damit demonstrierte man den verbliebenen JCPoA-Partnern, dass man sie im Gegensatz zu den USA lediglich als Statisten ansah – und begann mit einer erneuten Urananreicherung, die Iran an die Schwelle zur Nuklearmacht führte.

Die Mullahs wussten, dass für Trump trotz scharfer Drohungen ein Krieg nicht infrage kam. So entlarvten sie die USA als Papiertiger. Um einen friedensschaffenden Deal zu erzielen, hätte der amerikanische Präsident auf geduldige Diplomatie setzen müssen. Seither hat sich die Situation im Nahen und Mittleren Osten dramatisch verschlechtert. Die eskalierende Intervention Irans bei den Terrorakten und Angriffen auf Israel zeigen, dass Teheran die USA zu einer Vereinbarung herausfordert, die seine Interessen berücksichtigt.

Diplomatie ist kein Wundermittel, schon gar nicht gegen kriegsversessene Regime oder Vernichter wie Hitler. Aber sie kann sich als wirksames Hilfsinstrument zur Deeskalation erweisen, wenn es ihr gelingt, der Rationalität zugängliche Brandstifter von den Vorteilen einer Einigung und den Nachteilen von Sanktionen und Kriegen zu überzeugen, notfalls mit Drohungen und Ultimaten. Wer darauf verzichtet, verschenkt eine vielfach bewährte Arznei zur Erhaltung des Friedens. Denn Krieg ist der Ausdruck politischen Scheiterns.

Eine freie Gesellschaft ist bestrebt, den Aufstieg politischer Brandstifter zu verhindern. Dabei stehen ihr eine Reihe legitimer Mittel zur Verfügung. Mit ihrer Hilfe lassen sich Diktatur und zwischenstaatliche Gewalt verhindern. Voraussetzung der Freiheit ist die Akzeptanz der Volksherrschaft. Selbst dann besteht keine Garantie, dass ein ehedem von der Bevölkerung gutgeheißenes demokratisches System dauerhaft Bestand hat. Die als stabil geltende

US-Demokratie hat sich während der Amtszeit Donald Trumps der anschwellenden Attacken des Autokraten im Weißen Haus erwehren müssen. Die Verteidigung gelang – zunächst.

In Deutschland wurde die Republik von Weimar durch den Dauerbeschuss ihrer mannigfaltigen Feinde zermürbt. Als eine gravierende Rezession die Lage verschärfte, gelang es den Nazis als radikalsten Demokratiefeinden, rasch und skrupellos die freiheitliche Republik zu zerstören. Millionen begeisterten sich für Hitler.

Wenn die Demokratie Bestand haben soll, muss die Bevölkerungsmehrheit freiheitliche Souveränität als ihre Sache ansehen, sie erhalten und gegen alle fundamentalen Angriffe verteidigen. Es gilt, bereits Schüler für die Demokratie zu gewinnen.

Unverzichtbares Gleichgewicht: Justiz – Parlament – Regierung

Eine Volksherrschaft kann ihre vielfältigen Aufgaben nur erfüllen, wenn es ihr gelingt, die Balance zwischen dem aus freien Wahlen hervorgegangenen Parlament, der von ihrem Vertrauen abhängigen Regierung sowie einer unabhängigen Rechtsprechung zu bewahren. Das System kann diese Funktionen lediglich wahrnehmen, wenn sich diese drei Mächte in ständigem Gleichgewicht befinden. Die vordringlichste Aufgabe jeder freiheitlichen Gesellschaft ist es, den Apparat von Beeinträchtigungen freizuhalten.

Das von Heinrich Heine als „dummer Lümmel" verspottete Volk mag gelegentlich Brandstiftern zujubeln, deren Parteien wählen, es hat gar Vernichter unterstützt. Um die Flammen löschen zu können, müssen die staatlichen Instanzen, vor allem die Rechtsprechung, alle legalen Maßnahmen ergreifen, um Staat, Gesellschaft sowie die Verfassungsbestimmungen intakt zu halten. Dazu gehört auch die Entscheidung demokratischer Regierungen, das Verbot verfassungsfeindlicher Parteien vor dem obersten Gericht zu beantragen. Daher sind Verbotsverfahren gegen verfassungsfeindliche Parteien wie die AfD legitim und keine Bankrotterklärung der Demokratie. Sie sind vielmehr Merkmale ihrer Vitalität.

Entscheidend für das Ansehen der demokratischen Einrichtungen ist ihre Integrität. Es ist selbst für eine nichtdemokratische Parlamentsmehrheit in der Regel schwierig und erfordert relativ viel Zeit, den etablierten Grundgesetzapparat gänzlich auszuhebeln und durch eine vollständige neue Verfassung zu ersetzen. Daher ließen die Nazis die Weimarer Verfassung formal in Kraft. Sie begnügten sich mit minimalinvasiven Eingriffen in den Rechtsstaat, deren Wirkung einschneidend destruktiv war, etwa das sogenannte Ermächtigungsgesetz vom 24. März 1933. Die Integrität der Verfassung und der demokratischen Institutionen ist unabdingbar.

Die herausragende Bedeutung der unabhängigen Rechtsprechung ist der Grund, weshalb politische Usurpatoren auf dem Weg zur Etablierung ihrer Herrschaft zunächst die freie Judikative auszuschalten trachten. Hitler, Putin, Erdoğan haben dies mit unterschiedlichen Taktiken in variierenden Geschwindigkeiten durchgeführt. Im US-System mit der ältesten demokratischen Verfassung hätte jeder Versuch der Administration, die freie Richterwahl zu manipulieren, einen politischen und medialen Sturm hervorgerufen, der ein Impeachment zur Folge gehabt hätte. Die einzige Möglichkeit Donald Trumps hier Einfluss zu gewinnen, war die Nominierung des Generalstaatanwalts und Justizministers sowie der frei gewordenen Richterstellen am Obersten Gericht, wobei die Ernennungen vom Kongress genehmigt werden müssen. Die Rechtsprechung des Obersten Gerichts erweist, dass auch die von Trump ernannten Richter sich eindeutig an die Verfassung halten.

Benjamin Netanyahu und seine Koalition versuchen die Souveränität der Justiz zu beschneiden. Seit dem Bekanntwerden entsprechender Pläne der Regierung und verstärkt seit dem Durchpeitschen der spezifischen Gesetze liefen die demokratischen Bürger, auch Reservesoldaten, Sturm. Auf diese Weise wurden der Rechtsstaat und die Freiheit stabilisiert und Versuche, die Demokratie zu demontieren, erschwert oder unterbunden. Die Konflikte um eine Schleifung des freiheitlichen Justizapparates schwächten indessen den gesellschaftlichen Zusammenhalt und die Kampfbereitschaft der Streitkräfte.

Der Versuch der Netanyahu-Koalition, durch eine Justizreform die Stellung des Regierungschefs unangreifbar zu machen, scheiterte. Paradoxerweise, weil Netanyahu und seine Minister ihre Aufgaben vernachlässigten und dadurch Israels ärgste Feinde dem Judenstaat einen traumatischen Schlag versetzen konnten. Dadurch verlor der Regierungschef die Unterstützung vieler Anhänger und die Tolerierung durch das Bürgertum. Durch die konsequente Strafverfolgung der Gesetzesverletzungen des Premierministers mittels der Polizei und die Anklage der Staatsanwaltschaft büßte Netanyahu das letzte Prestige bei unabhängigen Israelis ein.

Einerlei, wo – eine funktionierende Demokratie ruht auf den drei Säulen eines frei gewählten Parlaments, der von ihm getragenen Regierung sowie der sie kontrollierenden unabhängigen

Justiz. Da die Arbeit der Verfassungsgerichtsbarkeit, anders als die Tätigkeit von Legislative und Exekutive, nur in sehr geringem Maß in der Öffentlichkeit stattfindet, vor allem bei der Verkündung und Begründung von Urteilen, wird sie im Allgemeinen wenig beachtet. Dies steht im Gegensatz zur großen staatspolitischen Bedeutung der obersten Justiz. Dies verleitet politische Brandstifter im Besitz der Macht, die Zusammensetzung und Rechtsprechung der obersten Justiz bestimmen zu wollen. Gelingt ihnen dies, dann fehlt die entscheidende Kontrollinstanz ihrer Stellung und Politik. Die Demokratie ist ausgehebelt. Die diktatorische Führung kann ungehemmt durchregieren.

Unabhängige Presse

Eine autonome Presse mit uneingeschränkter Berichterstattung ist für die Erhaltung der Freiheit unabdingbar. Die Existenzgrundlage der unabhängigen Presse ist das Vertrauen ihrer Leser und Nutzer in eine möglichst objektive Berichterstattung. Meinungen müssen als solche gekennzeichnet werden. So kann frühzeitig auf die Brandstifter, ihre Methoden und Ziele hingewiesen werden.

Vor allem aber auf die Konsequenzen einer Regierungsübernahme durch Extremisten. Hysterische Übertreibungen, in denen jeder populistische Politiker und seine Anhänger mit Hitler und den Nazis gleichgesetzt werden, mindern die Glaubwürdigkeit. Viktor Orbán oder Benjamin Netanyahu sind Demonteure des Rechtsstaates. Massenmörder sind sie nicht. Das gilt auch für die AfD. Gleichwohl ist auf die Tendenz des Höcke-Flügels zum Nazismus und dessen Schlagworte hinzuweisen.

Glaubwürdigkeit der Berichterstattung ist die Atemluft der Demokratie. Fehlerlosigkeit ist dennoch unmöglich. Schwarze Schafe wie den preisgekrönten ehemaligen *Spiegel*-Journalisten Claas Relotius wird es stets geben. Doch seine Manipulationen wurden von der eigenen Redaktion entlarvt. Entscheidend bleibt die Gesamtintegrität der freien Presse gegenüber dem Rechtsstaat. Sobald dessen Konsequenz und Durchschlagskraft durch „Reformen" im Sinne einer autoritären Regierung reduziert werden sollen, müssen Parteien und Presse, vor allem aber die demokratischen Bürger massiv gegen die Aufweichung der Kompetenz der Gerichte protestieren.

Die gesellschaftliche und politische Wirklichkeit ist indessen bunter als schwarz-weiße Prinzipien – zumal im dynamischen Bereich Presse. Abgesehen von totalitären Systemen wie der Nazidiktatur sowie gegenwärtigen Gewaltherrschaften in Syrien, Iran und Nordkorea und der Volksrepublik China bestehen, wie geschildert, spezifische Unterschiede beim Freiheitsgrad der Berichterstattung.

In den Vereinigten Staaten und Israel herrschten bei der Regierungsübernahme von Donald Trump und Benjamin Netanyahu eine vielfältige Presselandschaft und freie Berichterstattung. Dies mag später zur Entlarvung des Vorgehens des republikanischen Präsidenten und damit schließlich zu seiner Abwahl beigetragen haben. Doch Donald Trump ist nicht der Mann, der sich kampflos widrigen Umständen ergibt. Seine wichtigste persönliche Propagandawaffe war und bleibt sein Twitter- (später X-)Konto. Auf diese Weise hatte zunächst der Politiker, später der Präsidentschaftskandidat und schließlich der Amtsträger jederzeit Zugang zu seiner anschwellenden Follower- (und Gegner-) Gemeinde. Schließlich folgten Trump 87 Millionen Nutzer, also etwa jeder zweite Wähler, auf Twitter. Dies beweist die nicht zu unterschätzende Bedeutung der neuen sozialen Medien. Auf diese Weise war Trump imstande, an den traditionellen Medien – Printpresse, Rundfunk, Fernsehen – vorbei mit seinen Anhängern in Verbindung zu treten und sie in seinem Sinne zu beeinflussen.

Nachdem Trump am 6. Januar 2021 zum Sturm auf den Kongress aufgerufen hatte, sperrte Twitter dessen Userkonto. Trumps Versuch, über den eigenen Messengerdienst Social Truth einen gleichwertigen Zugang zu seinen Mitläufern aufzubauen, war nicht erfolgreich. Doch nachdem der Unternehmer Elon Musk 2022 Twitter erworben, das Unternehmen nach seinen Vorstellungen reformiert und in X umbenannt hatte, erlaubte er Trump wieder den Zugang zum Dienst im November desselben Jahres. Binnen Tagen schnellte die Followerzahl des Politikers wieder auf 87 Millionen hoch. Erneut nutzte Trump X mit durchschlagendem Erfolg als Mobilisierungs- und Propagandainstrument.

Benjamin Netanyahu gelang 1996 sein erster Wahlsieg gegen den Einfluss des traditionell linksliberalen öffentlich-rechtlichen Rundfunks und Fernsehens, aber mit Unterstützung der nationalkonservativen Boulevardzeitungen. Durch seine Arroganz verspielte der Premier jedoch rasch das Wohlwollen der rechten Journalisten. Netanyahu musste zunächst gegen eine weitgehend geschlossene veröffentlichte Meinung agieren. Doch wie bei seinem Geistesverwandten Trump halfen ihm externe Umstände. In der seit der Jahrtausendwende zunehmend vielfältigen Privatfernsehlandschaft fanden sich auch populistische Unterstützer Netanyahus. Ein erster Durchbruch gelang dem Premier, als sein Förderer, der US-Milliardär Sheldon Adelson, 2007 die Zeitung *Israel haYom* gründen ließ. Das kostenlose Blatt dominierte rasch den israelischen Boulevard. Netanyahu versuchte seine veröffentlichte Unterstützerfront auszubauen, indem er dem *Yedioth-Ahronot*-Verleger Mozes einen sittenwidrigen Deal vorschlug: Wenn seine Zeitung fortan positiv über ihn und seine Politik berichten würde, wäre er bereit, als Kommunikationsminister das populäre und profitable Nachrichtenportal Walla! an Mozes' Konzern zu veräußern. Das Angebot sickerte durch und führte zu einer Anklage Netanyahus wegen Untreue.

Über die Methoden der Präsidenten Putin und Erdoğan, die Massenmedien gemäß ihren Interessen aufbauen zu lassen beziehungsweise bestehende unabhängige Zeitungen ihnen politisch nahestehenden Geschäftsleuten zuzuschanzen, wurde hier berichtet. Entsprechende Vorgehensweisen der PiS-Regierung in Polen und von Viktor Orbán sind bekannt.

Bereits Lenin, Hitler und Goebbels haben den eminenten Stellenwert von Agitation und Propaganda begriffen. Gegenwärtige autoritäre Politiker versuchen das Geschehen in ihren Ländern durch eine vollständige Kontrolle der Medien zu beherrschen. Dies ist in einer Diktatur wie Russland oder China „einfacher" als in lebendigen Demokratien wie den Vereinigten Staaten und Israel. Dennoch versuchen Benjamin Netanyahu und Donald Trump, die Massenmedien in ihren Dienst zu stellen. Daher müssen demokratische Staaten ständig auf der Hut sein, ihre Freiheit zu verteidigen.

Soziale Medien können die Freiheit der Bürger unterstützen und ausweiten, aber auch in den Dienst von Diktaturen gestellt oder zum Verstummen gebracht werden wie in Hongkong nach der Zerstörung von dessen Autonomie.

Die Erhaltung und Sicherung freier Massenmedien sind existenziell. Sie sind, wie Rudolf Augstein richtig feststellte, ein „Sturmgeschütz der Demokratie" – über sein Hamburger Magazin hinaus. Dazu braucht es die Entschlossenheit der freien Gesellschaft und ihrer Journalisten.

Integre Politiker und engagierte Bürger

Die Stabilität der demokratischen Institutionen ist abhängig vom zuverlässigen Funktionieren des Staates und seiner Einrichtungen sowie von der freiheitlichen Haltung der Gesellschaft. Die Bürger müssen sich auf eine integre Beamtenschaft, einschließlich Polizei und Sicherheitsdienste, verlassen können. Sind Beamte und Behördenmitarbeiter korrupt, verliert die Bevölkerung das Vertrauen in den Staat und dieser seine Autorität und Durchsetzungskraft. Dann gehen selbst der Nutzen einer demokratischen Verfassung und entsprechender Gesetze verloren.

Die Bürger suchen Persönlichkeiten und Einrichtungen, die ihr Bedürfnis nach persönlicher Sicherheit, geregeltem Auskommen und Gesundheitsversorgung gewährleisten. Die Brandstifter versprechen all dies vollmundig, demokratische Politiker und Parteien dagegen erscheinen manchen als Bedenkenträger – da sie sich verpflichtet sehen, auch die Schwierigkeiten und Kosten ihrer Projekte und Gesetzesvorhaben darzustellen. Das entspricht seriöser Politik, benachteiligt Demokraten jedoch zunächst gegenüber populistischen Brandstiftern, die keine Skrupel besitzen, uneinlösbare Zusagen zu geben oder bewusst die Unwahrheit zu sagen. So erzwang Erdoğan vor der Präsidentschaftswahl künstlich niedrige Leitzinsen, er ließ die Gehälter im öffentlichen Dienst erhöhen, der Staat übernahm die Stromkosten der Haushalte – bis der Amtsinhaber das Votum gewonnen hatte. Erst danach ließ Erdoğan eine politische Wende vornehmen. Integre Politiker haben die Bürger nicht zu täuschen. Doch sollten sie es wie Tony Blair und Bill Clinton verstehen, ihre Politik mit guten Zukunftsperspektiven und ansteckender Zuversicht zu verbinden. Nur so lassen sich Mehrheiten gewinnen. Dies ist eine Kunst, die Hillary Clinton nicht im ausreichenden Maße beherrschte, was sie gegen den Brandstifter Donald Trump ins Hintertreffen brachte.

Eine verantwortungsbewusste Politik mit wahrheitsgemäßen Aussagen über die damit verbundenen Belastungen muss derart präsentiert werden, dass sie die Bedenken, Ängste und Bedürfnisse der Bevölkerung berücksichtigt, eingängig ist und glaubhaft als bessere Zukunftsstrategie für die Bürger dargestellt wird. Nur so kann sie das Vertrauen der Menschen gewinnen. Wahlen zwischen unterschiedlich orientierten, freiheitlichen Persönlichkeiten und Parteien sind die Seele der Demokratie. Entscheidend sind die Voten, wenn die Auseinandersetzungen zwischen verantwortungsbewussten Kandidaten und politischen Brandstiftern ausgetragen werden.

Seriöse Politik ist darauf angewiesen, Mehrheiten in freien Abstimmungen zu erringen. Misslingt dies, liefert sich die Bevölkerung insgesamt zumindest für eine begrenzte Zeit den Brandstiftern und ihren Mitläufern aus. Diese werden sich mit allen Mitteln an die Macht klammern. Beispielsweise die PiS-Regierung in Polen. Nicht selten haben sie mit ihren bedenkenlosen Methoden Erfolg wie Erdoğan und Putin. Selbst in der etablierten US-Demokratie gelang es nur unter Schwierigkeiten, Donald Trump nach einer verlorenen Wahl von der Macht fernzuhalten. Dagegen brachte es Benjamin Netanyahu fertig, nur ein Jahr nach einem verlorenen Urnengang durch einen Sieg seiner

Likud-Partei wieder von der Knesset zum israelischen Premier gewählt zu werden. Trotz eines laufenden Verfahrens gegen ihn und ohne ein überzeugendes Parteiprogramm. Entscheidend war die Zerbrechlichkeit der nur kurz amtierenden Regierungskoalition der Demokraten. Doch die Wachsamkeit der Premierminister Bennett und Lapid sowie ihrer Regierung war von ihren eigenen Plänen derart absorbiert, dass sie die Werbung um die Zustimmung der Bürger vernachlässigte. So erlitt Israel ein politisch-strategisches Desaster, das in ein nationales Trauma mündete. Trump versucht ebenso wie sein einstiger Lakai Netanyahu eine Rückkehr zur Macht.

Es ist für die freiheitlichen Parteien in Israel, den USA, aber auch in Deutschland unumgänglich zu begreifen, dass die Bürger eine klar verstehbare Politik suchen, die ihre Interessen – möglichst – in Freiheit verwirklichen will. Inkompetenz, Zerstrittenheit sowie eine verzagte Politik der Demokraten mindern deren Akzeptanz bei den Bürgern.

Viele Menschen sehnen sich selbst in der Politik nach Kurzweil, quasi nach einer guten Show, statt nach Strenge und Unnahbarkeit. Populisten wie Boris Johnson und Brandstifter wie Donald Trump verstehen mühelos, ihre Mitläufer zu unterhalten. Oftmals hatten sie die Lacher auf ihrer Seite. Humor kann man der AfD nicht nachsagen. Aber ihre führenden Politiker wie Alexander Gauland, Alice Weidel, Tino Chrupalla wissen ihre potenziellen Wähler mit einem bunten Strauß populistischer, nationalistischer, verharmlosender Aussagen zur NS-Zeit sowie einer vermeintlichen Friedensofferte, die auf eine Kapitulation vor Moskaus Kriegspolitik hinausläuft, für sich zu gewinnen. Der gestrenge Björn Höcke und seine Flügelkameraden wiederum verstehen es, ihre Klientel durch unverhüllte Nähe zum Nationalsozialismus zu faszinieren. Das wird durch scheinheilige Bekenntnisse zum Grundgesetz nicht besser. Im Gegenteil. Auf diese Weise bietet man den eigenen Mitläufern ein Alibi, sich auch als AfD-Anhänger im Rahmen des Rechtsstaats zu bewegen.

Anhaltende Wirtschaftskrisen führen transepochal und global zur Verarmung und Ängstigung eines Großteils der Bürger. Dies erzeugt ein soziales Treibhausklima, in dem politische Sumpfblüten gedeihen. Diese politischen Gewächse mögen vielen reizvoll erscheinen, doch sie sind giftig. Existenzängste und der Verlust des bisherigen Wertesystems sind der Schlüssel zur Offenheit für sogenannte starke Männer und ihre brachialen Methoden. Erfahrene Politiker, Ökonomen und Tarifpartner einer gefestigten Demokratie erstreben daher ein relativ ausgeglichenes Einkommen der Bevölkerung. Dies war ein entscheidendes Ziel des New Deals. Franklin D. Roosevelt kannte die negative Schlüsselrolle der Angst und tat alles, ihr die Basis zu entziehen. Das Wissen darum war Grundlage der „Konzertierten Aktion" in Deutschland 1967. Das Konzept ließ sich nicht perfekt verwirklichen. Doch der Grundgedanke und die Umsetzung waren identisch: Der Versuch, den Wohlstand nicht zu weit auseinanderklaffen zu lassen, gab den Bürgern das Empfinden, in einer verhältnismäßig gerechten Gesellschaft zu leben. Dazu gehört eine niedrige Beschäftigungslosigkeit. Gleichzeitig wussten die Arbeitgeber, dass auch ihre Interessen berücksichtigt wurden. Bundeskanzler Helmut Schmidt erklärte, ihm seien fünf Prozent Inflation lieber als fünf Prozent Arbeitslosigkeit. Der Politiker und Ökonom zielte auch auf seine Wählerschaft. Regierung und Opposition sollten gegenwärtig überlegen, ob eine grundgesetzliche Lockerung der Schuldenbremse und eine kreditfinanzierte Investitionspolitik nach dem Muster der USA nicht geeignet wären, die derzeitige Rezession ebenso wie die Stimmung der Niedergeschlagenheit zu beheben. Ansonsten droht ein „Kaputtsparen" ähnlich jenem des Reichskanzlers Heinrich Brüning (1930–1932), dessen prinzipienfeste Strenge Hitler und den Nazis den Aufstieg zur Macht erleichterte.

Demokratische Parteien, Politiker und Unternehmer sollten eine Situation anstreben, die den Bürgern den Eindruck vermittelt, in einer ausgewogenen Gesellschaft zu leben. Dies stärkt die Verbundenheit mit den demokratischen Werten und immunisiert die Bevölkerung gegen die populistische Politik der Brandstifter.

Trennung von Staat und Religion

Glaube im gesellschaftlichen Maßstab ist keine Privatangelegenheit. Religionen und Ideologien erheben aus ihrem Selbstverständnis jeweils einen Totalitätsanspruch. Monotheisten gehen von einem allmächtigen und allwissenden Schöpfer aus. Er duldet keine fremden Götter neben sich. Unabhängig von ihrem Weltbild beanspruchen Religionen und Weltanschauungen Unfehlbarkeit für ihre Gebote. Priester, Funktionäre, Ideologen versuchen das Monopol der Auslegung zu besetzen. Keine Macht ist nach diesem Verständnis befugt, die Gültigkeit der göttlichen oder weltanschaulichen Gebote infrage zu stellen oder gar zu begrenzen, auch nicht der Staat. Um dies zu verhindern, beschränkte sich das Gemeinwesen, beispielsweise der biblische Judenstaat, auf eine Theokratie, die von einem Priestergremium, einer oder einem Richter oder einer Prophetin geführt wurde. Der Islam installierte einen Kalifen, der in Personalunion die Glaubensgemeinschaft und den Staat lenkte. In kommunistischen Staaten bestimmt der Parteichef die ideologische Orientierung und die Politik.

Im christlichen Abendland kam es bereits im Mittelalter zu Auseinandersetzungen von Kirche und Staat, die man durch ein Königtum von Gottes Gnaden zu übertünchen suchte. Erst infolge der Aufklärung kam es in der Französischen und später in der bürgerlichen Revolution zu einer Trennung von Kirche und Staat. In der Türkei erzwangen zu Beginn des 20. Jahrhunderts die Jungtürken, letztendlich Mustafa Kemal Atatürk, die Abschaffung des Kalifats und die konsequente Scheidung von Staat und Religion. Was theoretisch wie eine politisch-philosophische Trennung erscheint, ist vor allem eine Machtfrage. Diese Feststellung gilt speziell für politische Brandstifter. Je umfassender ihr Herrschaftsanspruch ist, desto stärker versuchen sie, Religion und Ideologie für ihre Ambitionen zu instrumentalisieren.

Napoleon ließ seine Herrschaft nicht durch die Religion einschränken. Nach der Revolution hatte die katholische Kirche ihre Funktion als Stütze der Monarchie verloren und war diskreditiert. Kirchenmänner wie Talleyrand, Abbé Sieyès, Joseph Fouché hatten sich von Rom abgewandt und der Revolution angeschlossen. Napoleon behielt die Trennung von Kirche und Staat bei.

Adolf Hitler hasste die katholische Kirche als Teil der Habsburger Herrschaft. Gleichzeitig internalisierte er ihren universellen Machtanspruch. Der triebhafte Zerstörer Hitler erhob sich zum Führer des Nationalsozialismus. Jedes Gebot, jede Maßnahme und Person, die seine absolute Stellung berührte, wurde liquidiert. Fortan war allein der „Wille des Führers [...] Gesetz“, wie Carl Schmitt es ausdrückte.

Für den Tschekisten Vladimir Putin war Religion zunächst ein feindliches Element. Im Amt des russischen Staatschefs aber nutzt er die Renaissance der orthodoxen Glaubensgemeinschaft. Daher gibt sich Putin als Patron der Kirche aus und versucht auf diese Weise, seine Legitimationsbasis zu verbreitern.

Xi Jingping hat während der Kulturrevolution die grenzenlos grausame Machtentfaltung der marxistisch-maoistischen Ideologie an seiner Familie zu spüren bekommen und in der Gesellschaft beobachtet. Als überzeugter KPCh-Marxist gelangte er an die Spitze von Partei, Staat und Militär. Die drei Machtzentren verschmelzen in der Person des unfehlbaren Führers. So lässt Xi Jinping seine Apotheose betreiben. Seine Entscheidungen sind ideologische Gebote. Sie dürfen weder hinterfragt noch kritisiert werden. Aus der Einheit von Ideologie und Politik erwächst blinder Gehorsam.

Recep Tayyip Erdoğan ist seit früher Kindheit gläubiger Moslem. Während seiner politischen Sozialisation wurde er zum überzeugten Islamisten. Er räumt der Religion eine dominante Rolle im Staat ein. Als Türke kommt Erdoğan nicht an Atatürk vorbei. Er verachtet die Islamfeindlichkeit des Kemalismus. Doch gleichzeitig zieht ihn der Nationalismus Atatürks an. Daher verquickt Erdoğan den Islam mit dem kemalistischen Nationalismus. Seine Anhänger und aktiven Unterstützer sehen, ebenso wie Erdoğan selbst, ihren Gazi als Reinkarnation des Sultans und Kalifen. Die demokratische Bestätigung ist ein Zugeständnis an die neue Zeit. Recep Tayyip Erdoğan ist der uneingeschränkte Herrscher der Türkei. Er bestimmt die Politik wie den religiösen Rahmen gleichermaßen. Für die personifizierte Einheit von

Staat und Religion wäre eine Kontrollinstanz Frevel, zumindest überflüssig. Diese Wertung erklärt die spätere Unversöhnlichkeit zwischen Erdoğan und Demokraten.

Selbst in der Riege der globalen Brandstifter tanzt Donald Trump aus der Reihe. Die übrigen Herren wurden durch Ideologien oder Religionen geprägt, die sie in ihrem Auserwähltheitswahn bestärkten. Religion und Politik spielten für Trump zunächst keine Rolle. Er interessierte sich vor allem für Geschäfte und Sex. Erst als der Tycoon durch seine TV-Show nationale Bekanntheit, später Berühmtheit erlangte, gewann er zunehmend ein Gefühl für die Bedürfnisse des Publikums und die Genugtuung, Macht über die Menge auszuüben. Dies ließ ihn eine Präsidentschaftskandidatur zu erwägen. Der Bewerber benötigte eine zuverlässige, große Unterstützerschar. Er fand sie bei den Evangelikalen. Die christlichen Fundamentalisten ignorierten den ungezügelten Lebenswandel des New Yorker Geld- und Genussmenschen. Entscheidend war ihnen, dass der Kandidat fortan ihre Ziele in den USA und weltweit propagierte. Die politisierenden Christen liehen dem Kaufmann von New York ihre Stimme mit dem entlarvenden Slogan: „Jesus is my Saviour, Trump is my President". Das Votum der christlichen Fundamentalisten gab bei den Wahlen 2016 den Ausschlag für Trump. Fortan vertrat er loyal ihre Interessen. Durch seinen Deal mit den Evangelikalen verletzte der New Yorker von Anbeginn seiner Präsidentschaft systematisch den Sinn der Verfassung, die eine Trennung von Kirche und Staat vorschreibt.

Benjamin Netanyahu und seine Likud-Partei sind zionistische Revisionisten. Religion gilt ihnen als Privatangelegenheit. Doch als Machtpolitiker benötigt Bibi wie jeder israelische Premier vor ihm Koalitionspartner. Dabei boten und bieten sich die religiösen Parteien als vermeintlich willige Bündnisgefährten an. Sie geben vor, ihr Endziel, die Theokratie, sei unabsehbar. Gegenwärtig treten sie in erster Linie für die Verbesserung der Lebensbedingungen ihrer Klientel einschließlich einer Förderung des religiösen Erziehungs- und Bildungssystems ein. Doch tatsächlich gehen die Forderungen weit darüber hinaus. Netanyahu erkaufte sich das erste Jahrzehnt als Regierungschef durch die Unterstützung der Religiösen mit zunehmenden Subventionen. Doch mit den Jahren gab sich der nationale Flügel der Religiösen nicht mehr mit Geld zufrieden. Die radikalen Nationalreligiösen, die nicht zuletzt dank Netanyahus Unterstützung den Einzug in die Knesset geschafft hatten, verlangten für ihren Eintritt in die Regierungskoalition umfassende politische Zugeständnisse vom zukünftigen Premier. Unter anderem eine drastische Förderung des Siedlungsbaus in den besetzten Gebieten sowie eine Diskriminierung der dortigen arabischen Bevölkerung. Netanyahu verlor auf diese Weise die Zustimmung liberaler Likud-Wähler und seinen außenpolitischen Spielraum. Doch die Nationalreligiösen blieben hart, und der Premier musste sich ihren Forderungen beugen. Dadurch wurde Bibi in noch höherem Maße von seinen glaubensgesteuerten Partnern abhängig.

Die religiösen Chauvinisten diktieren dem Premierminister den Spielraum der Politik. Der Versuch der Koalition Netanyahus und seiner nationalreligiösen Partner, die Regierung weitgehend der Kontrolle durch die Gerichte zu entziehen, der durch eine Justizreform abgesichert werden sollte, trieb die liberalen Israelis auf die Straße. Sie protestieren gegen die Regierung und deren Chef. Auf diese Weise reißt Netanyahu die Gesellschaft immer weiter auseinander. Die Mehrheit der Israelis, nicht nur die Liberalen, lehnt die fortschreitende Vereinnahmung des Staates durch die radikalen Nationalreligiösen scharf ab. Die Spaltung der israelischen Gesellschaft paralysierte den Sicherheitsapparat und untergrub die politische Stabilität des Judenstaates sowie die Position des auf seine Macht versessenen Regierungschefs.

Da Religionen und Ideologien gemäß ihrem Selbstverständnis einen Absolutheitsanspruch erheben müssen, ist Freiheit ihr natürlicher Feind. Die unbegrenzten Forderungen von Glauben und Weltanschauung machen diese zu einem optimalen Herrschaftsinstrument für Diktatoren und Autokraten. Daher darf eine Demokratie sie nicht dauerhaft tolerieren. Hier wird das Schisma zu den islamischen Staaten deutlich. Der Glaube Mohammeds kennt keine Trennung von Religion und Politik. Koran und Scharia dominieren alles – auch die Politik. Das Selbstverständnis freier Gesellschaften dagegen muss auf einer Trennung von Staat und Religion bestehen, diese ist eine Grundbedingung der Freiheit.

Soziale Dienstpflicht einschließlich Armee

Mitläufer meinen um die Konsequenzen ihres Einsatzes für Brandstifter zu wissen. Im Gegenzug erwarten und erhalten sie Belohnungen – solange sie dem Anführer von Nutzen sind. Dagegen vergisst in mancher Wohlfühldemokratie, einschließlich Deutschland, eine zunehmende Zahl von Bürgern, dass die Vitalität der freien Gesellschaft ihren Preis hat. Er reicht von Wahlbeteiligung, dem öffentlichen Bekenntnis für die Freiheit und gegen ihre Feinde, bis zum Einsatz des eigenen Lebens im Verteidigungsfall. Denn ein Land, dessen Bürger nicht bereit sind, notfalls für ihren Staat in einem Krieg zu kämpfen und unter Umständen dabei umzukommen, ist auf Dauer nicht existenzfähig. Das ist eine durchgehende geschichtliche Erfahrung. Das Römische Reich versuchte in seiner Spätphase, unwillige Bürger für das Heer durch Söldner, namentlich Germanen, zu ersetzen. Dadurch büßten die Römer ihre staatliche Souveränität ein. Denn die Barbaren verstanden schnell, dass der Besitz der militärischen Macht sie in die Lage versetzte, auch die politische Herrschaft zu übernehmen. Frankreich verlor 1940 den Krieg gegen Deutschland grandios, weil die Masse seiner Soldaten, vom Gefreiten bis zum Feldmarschall, nicht willig war, ihr Leben für das Vaterland einzusetzen. Diese Sachlage hat sich bis heute in Europa prinzipiell kaum verändert – und sie ist keineswegs auf den militärischen Bereich begrenzt.

Ein demokratisches System ist von einer breit gefächerten Teilnahme seiner Staatsbürger abhängig. Sie müssen selbstständig bestimmen, welche Partei, welche Politiker die Fähigkeit und die Integrität besitzen, die Freiheit der Bürger zu gewährleisten und dies unter sich ständig verändernden Umständen und Entwicklungen zu steuern. Da die Deutschen dank ihrer einstigen Besatzer und späteren Verbündeten zunächst in Ost und West, danach wiedervereinigt, länger als ein Dreivierteljahrhundert in Frieden und Sicherheit lebten, schwand vor allem nach dem Ende des Kalten Krieges, der Wiedervereinigung und dem damit verbundenen Abzug der sowjetischen Streitkräfte sowie der meisten NATO-Truppen zunehmend das Gefühl der Bedrohung. Konsequent setzte ein konservativer Verteidigungsminister unter einer Unionskanzlerin mit Zustimmung aller Parteien und der großen Mehrheit der Bevölkerung 2011 die Wehrpflicht aus. Die Verteidigungsausgaben wurden kontinuierlich vermindert. Deutschland widmete sich fortan zunemend der Pflege der weltweiten Umwelt, sozialen Themen wie der Ausweitung der Unterstützung für unterprivilegierte Bürger, Hilfe für ärmere Länder etc. Die Berufspflichtigenarmee wurde vorwiegend für Friedensmissionen im Rahmen der Vereinten Nationen sowie als Reserve des Technischen Hilfswerks bei Naturkatastrophen und zur Unterstützung der Seuchenbekämpfung eingesetzt. Bemerkenswerterweise tritt Karl-Theodor von und zu Guttenberg, der die Wehrpflicht aussetzte und den Verteidigungsetat kürzte, heute für erhöhte Wehrausgaben sowie eine personelle und waffenmäßige Aufrüstung der Bundeswehr ein. Seine Begründung ist die erhöhte Bedrohungslage Europas. Dass diese Situation unter anderem durch die Beschwichtigungspolitik der Regierungen Angela Merkel begünstigt wurde – an denen auch Guttenberg beteiligt war –, erwähnt er durchaus.

Der Angriff auf das World Trade Center und Anschläge von Terrorgruppen weltweit und in Europa, verfassungsfeindliche Aktivitäten sowie systematische Volksverhetzung hierzulande zeigen indessen, dass Deutschland wie die übrigen EU-Staaten keine Insel des ewigen Friedens ist und auch bei besten Absichten nicht bleiben kann. Die Kriege auf dem Balkan und in der Ukraine bestätigen dies. Die Konflikte vor der nahöstlichen Haustür Europas rund um die Türkei zwischen der Atommacht Israel und dem nuklearen Schwellenland Iran sowie die Auseinandersetzungen und die Kriege Zions mit palästinensischen Terrorverbänden, die teilweise gewalttätigen Ausschreitungen von Islamisten, Links- und Rechtsextremisten in Europa und Deutschland machen klar, dass sich Deutschland nicht aus allen Konflikten heraushalten kann.

Hätten Politik und Beobachter unvoreingenommen das Weltgeschehen observiert, wäre ihnen die zunehmende Verstrickung Europas bereits lange vor der Zeitenwende der russischen Ukraineinvasion und des jüngsten Nahostkrieges deutlich geworden.

Das Wissen, doch das Nicht-wahrhaben-Wollen der latenten Gefahren lässt bei vielen Deutschen die Bereitschaft abnehmen, sich aktiv an der Bewahrung der Freiheit zu beteiligen. Nur etwa die Hälfte der Wahlberechtigten gibt ihre Stimmen bei Urnengängen zu den Landesparlamenten oder bei Kommunalwahlen ab. Jeder Dritte würde in den neuen Bundesländern, der ehemaligen DDR, für autoritäre Parteien, in erster Linie die AfD, stimmen, deren Politiker simple Lösungen befürworten, die in ihrer Konsequenz den inneren Frieden und die Freiheit gefährden. Dies bedeutet im Umkehrschluss, positiv gesehen, dass fast 70 Prozent die Freiheit befürworten. Ruhe ist in der Demokratie keineswegs Bürgerpflicht – schon gar nicht, wenn Freiheit und Grundrechte durch antidemokratische Kräfte bedroht werden. Die Straßen und später der Staat dürfen nicht Nazis und anderen Brandstiftern überlassen werden. Das Recht auf friedliche Versammlung, einschließlich politischer Kundgebungen, ist im Grundgesetz festgeschrieben.

Das Ende des SED-Regimes wurde durch Proteste für die Freiheit wie den Montagsdemonstrationen in Leipzig und später anderswo eingeläutet. Das „Neue Forum", der „Demokratische Aufbruch" und andere Freiheitsbewegungen ließen die marode DDR-Zwangsherrschaft zerbröseln.

Gegenwärtig etabliert sich eine neue Demokratiebewegung. Allenthalben in Deutschland erfahren die Bürger, dass die AfD mehr ist als ein Sammelbecken für Unzufriedene. Teile der blauen Partei und verwandte rechtsextreme Gruppen planen einen Umsturz, der die demokratische Gesellschaft dieses Landes hinwegfegen soll. Die Aufmärsche gegen rechts helfen, den Demokraten Mut zu machen, die Bürger und ihre Institutionen für die Freiheit zu mobilisieren. Es sieht danach aus, dass das öffentliche Eintreten für mehr Demokratie und gegen ihre Feinde Erfolg hat.

Es ist im Interesse der demokratischen Staaten, die im Frieden leben, von ihren Bürgern bereits in jungen Jahren ein entschiedenes Engagement für die eigene Freiheit einzufordern. Es bedeutet konkret ein verpflichtendes soziales Jahr für alle gesunden Personen nach dem Ende der Schule oder der Berufsausbildung. Menschen sollen nicht gegen ihre Überzeugung zur Armee oder zum Kriegseinsatz verpflichtet werden. Doch es ist nur recht und billig, von jüngeren Bürgern zu verlangen, sich zwölf Monate in den Dienst der Allgemeinheit zu stellen, die ihnen ihr Lebtag Freiheit und soziale Absicherung gewährleistet. Das soziale Jahr kann in unterschiedlichen Einrichtungen abgeleistet werden. Die Militärzeit sollte hervorgehoben werden. Denn selbs in Friedenszeiten riskieren die Soldaten bei Einsätzen ihr Leben – in Kriegszeiten ohnehin.

Die Notwendigkeit des sozialen Jahres beziehungsweise des Wehrdienstes in einer freiheitlichen Gesellschaft darf aus Rücksicht auf wechselnde Stimmungen, sich nicht an Krisen und Kriegen zu beteiligen, nicht verschwiegen werden. Die latente Gefährdung sollte von den demokratischen Parteien gemeinsam betont werden. So kann sich der freiheitliche Staat wirksam auf den Ernstfall einer militärischen Verteidigung vorbereiten, der jedem Land potenziell droht – auch wenn es dem Frieden verpflichtet ist.

Ein allgemeines soziales Jahr führt keineswegs zur Ablehnung des demokratischen Staates, sondern im Gegenteil zu dessen Wertschätzung – wie das Beispiel vieler Bürger in Deutschland zeigt, die sich als freiwillige Helfer in unterschiedlichen gesellschaftlich relevanten Einrichtungen im In- und Ausland bewährt haben. In Israel haben jüdische Frauen und Männer einen obligatorischen dreijährigen Militärdienst zu leisten. Ausgenommen sind Religionsschüler und Vorbestrafte. Über Jahrzehnte hat sich erwiesen, dass jene, die der Armee ferngeblieben sind oder nicht in den Streitkräften dienen durften, in hohem Maße autoritäre Parteien wählen oder als deren Politiker Hass und Zwietracht in der Gesellschaft säen und aggressive außenpolitische Ziele befürworten. Im Gegensatz dazu sind unter den Aktivisten für Frieden und Demokratie überproportional viele ehemalige Soldaten, speziell Offiziere, vertreten.

Die Armee taugt nicht als Schule der Nation. Sie ist finanziell und zeitlich eine Belastung. Aber jede Demokratie ist auf engagierte Befürworter der Freiheit angewiesen. Nur wenn die Menschen einer demokratischen Gesellschaft, jeder auf seine Weise, im äußersten Fall unter Einsatz ihres Lebens bereit sind, die Freiheit ihrer Gesellschaft und ihres Staates zu verteidigen, können sie dauerhaft den Bestand dieser Werte sichern. Fehlt dieser Einsatz aus Bequemlichkeit oder Angst, dann schlägt die Stunde der Brandstifter, die ihrem Anhang suggerieren, sie besäßen ein Monopol darauf, alle Beschwernisse zu beseitigen. Der Preis scheint gering: die Aufgabe des selbstständigen Denkens und Handelns.

Resümee: *Guter Rat*

Es wird weiterhin gelogen, gemordet und Krieg geführt werden, da dies in uns Menschen steckt. Insbesondere während gesellschaftlicher Umbruchsituationen, in denen viele Angst um ihre Existenz, ihre Stellung und ihre Werte haben. Das ist die Stunde der Brandstifter. Nun verkünden sie ihre Parolen und simplen Rezepte. Tatsächlich wollen sie Ängste und schwelende Missstände zu politischen Bränden anheizen, indem sie angebliche Schuldige benennen und gegen sie hetzen. Als Resonanzboden sind sie auf Mitläufer angewiesen. Diese werden zu willigen Helfern, da sie die Ziele der Anstifter teilen. Die „Blinden lassen sich von Verrückten führen".

Der politische Wahn und die Gedankenlosigkeit werden aus Tausend Quellen gespeist. Entscheidend ist die vereinte destruktive Kraft der Führer und ihres Fußvolks. Dabei ist zwischen hemmungslosen Eroberern wie Napoleon, dem Vernichter Hitler sowie kalkulierenden Machtmenschen à la Franco und Erdoğan zu unterscheiden. Die Getriebenen kennen keine Beschränkung ihres Vorgehens. Auch deshalb erzielen die Hasardeure zunächst spektakuläre Erfolge – ehe sie verglühen und ihren Anhang mit sich reißen. Langfristig erfolgreicher sind riskioaverse Spalter wie Pinochet, Trump, Orbán und Netanyahu. Sie meiden nach Möglichkeit Kriege –, zumindest bis sie die Zeit der Gewalt für angemessen erachten.

Gemein ist allen politischen Brandstiftern die Strategie, latente soziale Bruchlinien auszuweiten. Auf diese Weise gelingt es ihnen, die Gesellschaft zu destabilisieren und zu spalten. Ergebnis ist, dass viele wieder nach dem starken Mann rufen. Die Brandstifter unterliegen zudem einer immanenten Gefahr. Durch ihre Kontrollsucht schalten sie über kurz oder lang unabhängige Ratgeber aus und umgeben sich danach mit Jasagern, die jegliche Kritik unterbinden und alle Risiken der Politik dem Führer verschweigen. Um Beschwichtigung bemühte ausländische Partner ermutigen labile und zunehmend selbstgerechte Persönlichkeiten wie Vladimir Putin, die gefährlichen Konsequenzen ihrer Politik zu unterschätzen und Kriege vom Zaun zu brechen.

Im Gegensatz zu seinem Kollegen Putin mied Donald Trump die Gefahren einer außenpolitischen Konfrontation oder gar eines Krieges. Ebenso wie der Russe entledigte sich der Amerikaner seiner unabhängigen Berater. Aufgrund glücklicher Umstände, aber auch weil er durchaus den Primat der Wirtschaft begriff, konnte Trump sich zunächst die Zufriedenheit seiner Unterstützer erhalten. Doch nicht zuletzt wegen seiner spalterischen Politik verlor der Brandstifter die Präsidentschaftswahlen im Jahr 2020. Er wollte sich mit seiner Niederlage nicht abfinden und stachelte seine Mitläufer an, mit allen Mitteln die Besiegelung seines Scheiterns zu bekämpfen. Doch mit vereinten Kräften wehrte die Exekutive den Aufstand gegen die Verfassung ab. Es war ein Sieg der Demokratie und ihrer Institutionen. Trump aber gibt nicht auf. Er stürzte sich nochmals ins Rennen um das Weiße Haus und besitzt gute Chancen, daraus als Sieger, als Präsident der Vereinigten Staaten und damit als weltweit mächtigster Politiker hervorzugehen.

Diese und weitere Bewährungsproben zeigen, dass die Demokratie bei all ihren Schwächen die wirksamste Kraft zur Neutralisierung der politischen Brandstifter und zur Erhaltung der Freiheit ist. Demokratie ist ein abstrakter Begriff. Doch sie verfügt über eine Reihe wirksamer Instrumente. Entscheidend sind deren Zusammenwirken, die Vehemenz und die Dauer ihres Einsatzes. Das Gleichgewicht von Regierung, Volksvertretung und Rechtswesen ist vital für das Funktionieren einer Demokratie. Integrität und gegenseitige Kontrolle sind unverzichtbar. Freiheitliche Einrichtungen lassen sich nicht oktroyieren. Sie brauchen Zeit, sich zu entwickeln und allgemein anerkannt zu werden. Erst dann können sie die Demokratie effektiv gegen ihre Feinde schützen. Dazu gehört auch der Mut, ein Verbot verfassungsfeindlicher Kräfte legal zu betreiben. Der Staat wiederum benötigt ehrliche und glaubwürdige Vertreter – von der Regierung bis zur Beamtenschaft. Eine unabhängige Presse sorgt dafür, dass die Vertreter von Regierung, Parlament, Parteien und Gerichten glaubwürdig bleiben und von den Bürgern entsprechend gewürdigt werden – während gleichzeitig die „Verrückten“, die zerstörerischen Gegner der Freiheit, als solche entlarvt werden. Vor allem braucht es engagierte Bürger. Sie müssen rechtzeitig für die Demokratie eintreten – auch allgemein sichtbar –, indem sie für die Freiheit und gegen Populisten auf die Straße gehen. Selbst Diktaturen lassen sich von selbstbewussten Menschen überwinden, wie der Sieg der Demokratiebewegung in der DDR gezeigt hat.

Ein demokratisches Land und dessen Gesellschaft müssen frei und unabhängig sein. Voraussetzung dafür ist unter anderem die Trennung von Staat, Religion beziehungsweise Ideologie. Denn Glaubenslehren und Weltanschauungen erheben aus ihrem Eigenverständnis einen Absolutheitsanspruch. Sie fordern unbedingten Gehorsam ein und dulden keine fremden Götter neben sich. Ein demokratischer Staat dagegen leitet seine Werte von dem Gedankengebäude der Aufklärung und seinen Führungsanspruch vom Volkssouverän ab. Das verträgt sich nicht mit der ewigen Wahrheit einer Religion. Die politischen Vertreter des Islamismus geben vor, ein Sprachrohr ihres Glaubens zu sein und in dessen Namen zu handeln. Damit können sie als politische Brandstifter missbraucht werden. Recep Tayyip Erdoğan benutzte die Demokratie lediglich als Vehikel zum Erreichen seiner politischen Ziele, die er religiös rechtfertigt. Auf diese Weise begründet er seinen absoluten politischen Herrschaftsanspruch in der Türkei wie in ihren Außenbeziehungen.

Die Politik eines Landes kann nur friedenserhaltend wirken, wenn sie darauf verzichtet, im In- und Ausland zerstörerische Mächte beschwichtigen zu wollen. Versuche, mit Kompromissen kriegswilligen Mächten entgegenzukommen, ermutigen lediglich die Aggressoren. Dem Frieden dient am besten eine verständigungsbereite, doch selbstbewusste Politik. Diese kostet Geld und Engagement. Die Strategie „si vis pacem, para bellum" bleibt zeitlos gültig.

Demokratie ist kein Schlaraffenland. Das effektivste freiheitliche System und eine glaubwürdige Regierungspolitik sind lediglich Funktionen bürgerlichen Engagements. Nur wenn die Bevölkerung den Staat und die Regierungspolitik unterstützt, sind sie in der Lage, Aggressoren glaubwürdig entgegenzutreten und ihnen notfalls das Handwerk zu legen. Putin, Trump, Netanyahu, Erdoğan und Co. werden nicht die letzten politischen Brandstifter sein. Fehlt das bürgerliche und politische Engagement, dann unterliegen Länder und Gesellschaften zerstörerischen Mächten, wie Frankreich Hitler und seinen Mitläufern. Begrenzte Waffenruhe zwischen Demokratien und Brandstiftern ist möglich, ein dauerhafter Kompromiss dagegen nicht. Wollen die Bürger ihre Freiheit bewahren, müssen sie fortwährend bereit sein, sich dafür und gegen ihre Zerstörer vorbehaltlos einzusetzen – notfalls mit ihrem Leben.

Den notwendigen „Guten Rat" hierzu gab der Dichter Heinrich Heine bereits 1853:

Lass dein Grämen und dein Schämen!
Werbe keck und fordere laut, […]
Und du führest heim die Braut:
Die Freiheit.

Über den Autor

© Daniel Biskup

Rafael Seligmann, geboren 1947 in Tel Aviv, ist einer der bekanntesten jüdischen Autoren Deutschlands. Der Historiker, Politologe und Journalist lehrte am Geschwister-Scholl-Institut der Universität München. Er verfasste zahlreiche Romane und zeitgeschichtliche Analysen und kommentiert für verschiedene Medien das Tagesgeschehen. Er war mehrfach Chefredakteur und Herausgeber.